「やりたいこと」が見つかる

時間編集術

「4つの資産」と「2つの時間」を使って人生を変える

長倉顕太
Kenta Nagakura

あさ出版

まえがき

時間を編集すれば「やりたいこと」はすぐに見つかる！

僕は仕事柄、多くの人に会いますが、「やりたいことがありません」「やりたいことを探しています」と言う人がよくいます。ただ、そんな人に僕が言うのは、

「『やりたいこと』なんてなくていいよ」

ってこと。もちろん、あってもいいですが、無理矢理探すものでもありません。いまはなくても、時間を効果的に使うことで**「本当にやりたいこと」**が見つかります。具体的には、本書で紹介する**「時間を2つに分けて、４つの資産を増やす」**ことで見つかり、さらに人生も豊かになっていきます。

実は、僕も「やりたいこと」がありませんでした。しかし僕の場合はむしろ、

「やりたいこと」がなかったから時代に合った生き方ができた

と思っています。おかげで10年以上、平均年収の10倍以上は稼げているし、海外に住んだり毎日気ままに暮らしています。

この本は僕にとって7冊目になりますが、自分のダメな部分をさらけ出しているので**恥ずかしい内容**になっています。

本来であれば、こういった本を書くのは、いわゆるスゴイ人の場合が多い。ただ、ダメな僕が書くからこそ、多くの人に役立つと思い、恥をしのんで書くことにしました。

あなたに合った時間の使い方が見つかる本

僕は元編集者です。つまり、本を作っていました。おかげさまで1100万部も本を売りました。だから、「時間」に関する本もたくさん読んできたし、作ってきました。でも、最近は違和感を覚えるようになったのです。

なぜなら、ほとんどの「時間」に関する本は、どうやれば効率が良くなるかしか書かれていないからです。

もうそういう時代は終わりました。これからは「どうやれば楽しく生きることができるか」が大切です。

重要なのは、「やりたいこと」よりも「時代に合っていること」。僕の場合は、たまたま時代に合った生き方をしていただけの話。ただ、そこには「コツ」があるので、その「コツ」について本書で詳しく書いていきます。

時間も「編集」するとうまくいく

ここ数年、編集者の活躍が目立っています。本を出す人も増えました。これは僕が現役の時代では考えられませんでした。それくらい「編集」が注目されている。つまり、時代に合っているのです。

どうしてでしょうか。たとえば、音楽業界ではミュージシャン以上に稼いでいるDJがいるように、「作る人」よりも「選ぶ人」の価値が上がっています。これはあらゆる業界で起こっていることです。
多量の情報が氾濫する中で、誰もが混乱しているいまだからこそ、「情報を集めて編む」という「編集」が注目されているのです。しかも、「編集」のスキルは人生のあらゆる場面で使えます。それを「時間」や「人生」に使おうというのが本書の目的です。

僕は大学卒業後、就職もせずにブラブラしていました。ところが、「編集」に出会って人生が変わりました。「編集」はどんなことにも応用が利くスキルです。
だから僕は本書で、**「編集」スキルを「時間の使い方」や「生き方」に活かす方法**をまとめました。

第1章では、**「人生のルール」**について書きました。多くの人がこれを勘違いしている、もしくは、時代に合った生き方をしていないから、しなくてもいい苦労をしています。

第2章では、「時間の性質」についてあらためて確認していきます。具体的には**「時間を買う」**といった話まで書きました。

第3章では、本書で僕が提案する**「プロダクティブタイム」**の使い方について書いています。「どう時間を使うか」がメインになっています。

第4章では、**「アンプロダクティブタイム」**というまったく新しい考え方について書いています。僕はこれからの時代に最も重要なのが「アンプロダクティブタイム」だと確信しています。きっと、あなたの人生は大きく変わるはずです。

第5章では、**「人間関係」**について書いています。多くの人の悩みの大半が「人間関係」とも言われていますが、実はこれは、「時間」と大いに関係があります。とくに、**「コミュニケーションコスト」**について書いています。きっと「人間関係」も良い方向に向かっていくはずです。

第6章では、**「人生デザイン」**について書いています。人生をどうデザインするかを一度、ゆっくり考えるのです。そのための方法を書いています。

第7章では、「いますぐ」行動できることを提案しています。僕は**「人生が変わる本」**を作ることにこだわって生きてきました。だから、「いますぐ」行動できることを**15個**挙げました。参考にしてもらえると嬉しいです。

そろそろ長い「まえがき」は終わりにして、本題に入っていきたいと思います。
さっそくですが、17ページまでめくって読みはじめてください。

まえがき
時間を編集すれば「やりたいこと」はすぐに見つかる! 003

CHAPTER 01
誰も教えてくれなかった「人生のルール」を確認しよう!

●学校で教えてくれない「人生のルール」とは? 018
●人生は偶然に支配されている 020
●偶然の確率は上げられる! 021
●人生は旅行と同じ 23
●ゴール地点よりスタート地点が大切 024
●スタート地点を理解するための「4つの資産」 026
●人生には順序がある 028
●ゴール地点はどう設定すればいいか 030
●4つの資産が増えれば「やりたいこと」

が見えてくる 031 ●28歳からの10年間でやったこと 033 ●「無駄なこと」ほど意味がある 034 ●コントロールできるのは時間だけ 036 ●未来はコントロールできる 037 ●「他人の目」はコントロールできない 038

CHAPTER01 まとめ 041

COLUMN
最強スキル「ひと呼吸置く」 042

CHAPTER 02
「時間」はどんどん買おう!

●時間は増やせない! 044 ●お金よりも時間が大切な理由 046 ●僕の航空会社の選び方 047 ●筋トレが無駄な理由 048 ●マッチングアプリでメンター探し? 050 ●人は過去に生きる動物 051 ●過去の延長を生きるしかない環境 053 ●未知への挑戦 054 ●買える時間は買ったほうが得 056 ●女性こそ時間を買うべき 057 ●借金はタイムマシーン 059 ●「効率」

を求めるのは古い？ 061 ●サスティナブルな人生を 062 ●時間を2つに分けろ！ 064 ●クリエイティブ&ユニーク 065

CHAPTER02 まとめ 067

COLUMN

「資格」はとるだけ無駄 068

CHAPTER 03

「プロダクティブタイム」は1.5倍速で考える！

●「プロダクティブタイム」にやるべきこと 070 ●なぜ、アップルショップは銀座にあるのか？ 071 ●時間はお金よりも大切 072 ●生産性とはなんなのか？ 074 ●「時間のコスパ」は人によって違う 076 ●1.5倍速で生きる 078 ●スピードを上げるトレーニング 080 ●25分単位で動くのがいい 082 ●マルチタスクは良いか悪いか 084 ●短い時間はスマートフォン仕事 085 ●企画書はスマートフォンで 087 ●タスクはリスト化しておく 088 ●1時間早く起きると何が起こるのか? 089 ●早起きをしたら本を3冊出せた! 091 ●朝時間は一点集中 092

COLUMN
CHAPTER 03 まとめ 095
オンライン会議は10分で 096

CHAPTER 04
人生を豊かにする!「アンプロダクティブタイム」とは?

●人生にスペースを 98 ●生産性のジレンマ 099 ●「アンプロダクティブタイム」の6つのメリット 101 ●真面目は何も生まない 110 ●オランダ人は大人 112 ●救急車で運ばれてわかったこと 114 ●「損するつもり」

で生きる 115
●「アンプロダクティブタイム」にチャンスがやってくる！ 117
CHAPTER04 まとめ 119
COLUMN
人生に意味はない？ 120

CHAPTER 05
コミュニケーションコストを下げて「人間関係」を良くする！

●「アンプロダクティブタイム」は出会いを増やす 122
●人脈が最強な理由 123
●相手の時間を大切にする 125
●アポイントの取り方でばれる 126
●気遣いとはコミュニケーションコストが低いこと 128
●コミュニケーションコストを下げる3つの方法 129
●紹介される人になる3つのステップ 133
●誘われる人になれ 136
●紹介される人は紹介する人 139

●紹介が最速である理由 141
CHAPTER05 まとめ 143
COLUMN
「やらない理由」と「ドリームキラー」 144

CHAPTER
06
人生100年時代の「人生デザイン」の授業

●時代遅れの教えを信じ続けますか 146 ●人生100年時代にどう生きるか 147 ●「やりたいこと」がなくて良かった 149 ●人生100年時代の2つの変化 150 ●職業はどんどん消えていく 151 ●目指すべきライフスタイルを決める 152 ●西海岸に憧れて 154 ●人生100年時代のバランスホイール 155 ●具体的な目標に落とし込む 158 ●日々の行動に落とし込む 161 ●ルーティンだけが成果を連れてくる 163 ●「ルーティン

化」トレーニング 164 ●きつかった禁酒 166 ●90日がルーティン化のカギ 167 ●乗り切るための3つのポイント 168 ●小さなルーティンから始める 170 ●自分を信じない 172 ●人生をデザインする4つのステップ 173
CHAPTER06 まとめ 177
COLUMN 「幸福」と「自由」 178

CHAPTER 07 点が線になる15のアクションプラン

●「いますぐ」始めよう! 180 ●1.英語の情報源を持つ 181 ●2.90日やることを決める 182 ●3.本を持ち歩く 183 ●4.本屋に行く 184 ●5.自伝を読む 186 ●6.ドキュメンタリー映画を観る 187 ●7.散歩をする 188 ●8.自己評価を下げる 189 ●9.感謝日記をつける 191 ●10.引っ

越しをする 192
● 11. ホテルに泊まる 194
● 12. クラウドファンディングで夢を実現する 195
● 13. 情報を発信する 196
● 14. ギバーになる 198
● 15. タダ働きをする 200
CHAPTER 07 **まとめ** 202

COLUMN
ホモ・ルーデンス 203

あとがき
反省文 204

本文デザイン・DTP／辻井知（SOMEHOW）

CHAPTER 01

誰も教えてくれなかった「人生のルール」を確認しよう！

学校で教えてくれない「人生のルール」とは？

僕たちは学校で、「どう生きるべきか」を教えてもらっていません。先生たちも知りません。なぜなら、彼らも教わってこなかったからです。そんな彼らが進路指導をしているなんて、笑い話のようなものです。よくわかっていない人から指導されれば、多くの人が路頭に迷うのは当たり前です。この負の連鎖が日本中に起こっています。

ただ、**「人生のルール」は間違いなく存在します。**

僕は仕事柄、多くの人に会います。

とくに新型コロナウイルスの感染拡大後はオンラインでのやりとりがメインになったので、多いときは1日で100人近い人と対話します。しかも、会う人の属性も幅広い。主婦の方、学生、会社員、起業家、大学の博士など、とにかくいろんな人に会います。

その中には、「楽しく生きている人」もいれば、そうじゃない人もいます。どうせ生きるなら楽しいほうがいいはずなのに。


では、そこにどんな違いがあるのか。

それは、意識的か無意識的かはわかりませんが、**「人生のルール」を知っているかどうかの差**だけだと思うのです。


「人生のルール」を知ると、毎日の生き方が変わります。「時間の使い方」が変わります。だから本書では、「時間」をメインテーマにしているのです。

僕自身は無意識的に「人生のルール」をわかっていたほうでした。さらに、独立する前は出版社にいたので、一緒に仕事をする人たちは「人生のルール」を知っている、社会的に成功している人たちばかりです。

だから、独立後、いろんな人たちと対話するようになったものの、当初は「人生のルール」をわかっていない人たちの行動が理解できませんでした。

ですが、多くの人と接する中で「人生のルール」を知らない人がいることに気づいたのです。しかも、そういう人たちのほうが圧倒的に多い。

だから、時間について触れる前に、まずは「人生のルール」について話していきます。

人生は偶然に支配されている

人生は偶然でできています。あらゆる偶然が重なり合って現在があります。あなたが生まれたのも偶然。両親が出会ったのも偶然。そして、いま、あなたが本書を読んでいるのも偶然です。何が偶然かを書き始めたら、きりがありません。

よくスピリチュアル系の本に、「すべて必然」みたいなことが書かれていますが、それは思い込みです。**人生は偶然でできている**のです。

たとえば、類稀《たぐいまれ》な才能を持ち、努力もし、圧倒的な実力を持つスポーツ選手でさえ、「偶然」怪我をしてしまえば、普通の人になってしまう。

実際、2020年初頭から世界中で感染拡大した新型コロナウイルスのせいで、多くの飲食店や企業が苦境に立たされました。彼らが努力を怠っていたわけでなく、たまたま新たなウイルスが世界的に蔓延し、たまたま彼らの業種が影響を受けた。これもすべて偶然です。

偶然の確率は上げられる！

逆に僕はまったく悪い影響は受けませんでした。理由は簡単で、8年間にわたりアメリカと日本の二拠点生活をしていたこともあって、ほとんどの仕事がオンラインで完結していたからです。

しかも、海外に移住したのも東日本大震災がきっかけで、もともと海外に住みたかったわけではありませんでした。本当に偶然そうなっただけ。偶然、海外に移住し、偶然、そこで身につけたオンライン化のスキルが活きただけです。

このように良くも悪くも、**人生を支配しているのは「偶然」でしかありません。**

ただし、偶然が支配するからといって、ただ漫然と生きていては、人生は良い方向にいかないのも事実です。

たとえば、僕が住んでいたサンフランシスコはとても治安が悪いことで有名でした。ですから、僕自身も夜に出歩くことはありませんでした。昼間からカフェでノートパソコンを盗んで、ダッシュで逃げていく若者を何回も見たことがあるくらい、治安は悪かったです。

たしかに犯罪に遭うのは偶然の要素が強いでしょう。しかし、東京にいるのと、サンフランシスコにいるのとでは、確率がまったく違う。これと同じように、**人生は偶然が支配していますが、良い方向にいくかどうかは、「人生のルール」を知っているかどうか**という要素が大きく影響しているのです。

良い人生は良い偶然が起こるかどうかにかかっています。

良い偶然は良い場所で生まれる確率が高い。逆に、治安が悪いところでは犯罪に遭う確率が高まるのと同じように、悪い人生は悪い場所で生まれる確率が高い。

だから、**「人生のルール」を知ることで、少しでも良い偶然が起こる確率を上げる**ことが大切なのです。

人生は旅行と同じ

僕は、**人生はゲーム**だと思っています。だから、ルールが存在するのです。ゲームだと考えれば、攻略するのは簡単です。スタートとゴールを明確にして、その間を埋めるためにはどうすればいいかを考えればいいのです。

旅行だと考えれば、よりわかりやすいかもしれません。

あなたが東京に住んでいてハワイに行きたいと思えば、日程を決めて航空券をとればいい。もしかしたら、休暇をとるためにもうひと工夫必要かもしれませんし、友達と行くのであれば日程調整も必要かもしれません。とはいえ、スタート地点とゴール地点を決めて、それらを結ぶための課題をクリアすればいいだけです。

これと同じように、人生においてもスタート地点とゴール地点を明確にすればいいのです。

航空券をとって、休みをとって、決まった時間に空港に行けば、誰でもハワイに着きます。よほどのことがない限り着きます。旅行だとこんなに簡単にもかかわらず、人生では多くの人がうまくいきません。

なぜなのでしょうか。

問題は、僕たちのほとんどがスタート地点もゴール地点もわかっていないことです。

旅行は、スタート地点とゴール地点が明確だから簡単なのです。

ただ、まえがきに、「やりたいことはなくていい」と書いたように、僕は具体的なゴール地点を、現時点で把握する必要はないと思っています(この辺については、あとで詳しく触れるのでご安心ください)。

ゴール地点よりスタート地点が大切

僕は、スタート地点が明確でないことのほうが問題だと思っています。

人生におけるゴール地点は未来のことなので、わかっていないのは仕方ありません。

けど、**スタート地点は、いま、自分がどこにいるか**です。それがわからないというのは、少し問題です。いや、だいぶ問題です。

たとえば、ゴール地点が大阪だとしても、スタート地点が九州か北海道かによって、向かう方角はまったく違います。スタート地点を把握してこそ、ゴールに向かえるのです。

なのに多くの人は、**「人生の目標」のようなものを掲げるにもかかわらず、スタート地点を把握していません。**

巷に出回る本も、「目標達成」「目標の立て方」をテーマにしたものは多いですが、スタート地点や現在地をメインテーマに扱ったものは、ほとんどありません。

当たり前ですが、**スタート地点を把握せずに移動すれば、遠回りすることになります。**だから、多くの人が人生に迷い、遠回りしてしまっているのです。

遠回りならゴール地点にたどり着くから、まだマシかもしれません。現実には、ゴール地点を目指したものの、それすらよくわからなくなり、永遠にたどり着かない旅に出ている堂々巡りな人が多いように思います。

スタート地点を理解するための「4つの資産」

スタート地点を把握するには、**「時間」「能力」「人脈」「お金」**をどれだけ持っているかを知る必要があります。これらは僕が考える、**人生における資産です。**

これらをどれだけ持っているか、そして、どう増やしていくかが人生戦略の基本になるからです。それぞれの特徴について説明していきます。

時間…誰もが平等に持っている唯一の資産。

能力…生まれつきの才能と後天的に身につくスキルの、2つに分けられる資産。持っている人と持っていない人の差がはげしい。たとえば、生まれつき運動音痴の人がプロスポーツ選手になるのは無理だろう。

人脈…生まれた家柄が良い場合は別として、基本的には実績が出てきてから手に入る資産。

お金…人脈同様に家柄が良い場合は別として、基本的には実績とともについてくる資産。

このように、よほど恵まれていない限り、**「時間」以外の資産は自分ではコントロールできません。**ですから、本書のメインテーマを「時間」にしているのです。

もちろん、「時間」以外も気になるかもしれません。でも、**まずは「時間」**です。

能力アップをはかったほうがいいし、お金だって持ったほうがいいし、人脈だってあったほうがいい。ただ、これらは完全に自分でコントロールしきれません。

「能力」も「人脈」も「お金」も、努力によって手に入れることは可能かもしれませんが、時間がかかります。結局、「時間がかかる」ので、どう時間を使うかに帰結してしまうのです。

つまり、僕たちが考えるべきなのは
「時間という資産をどこに投資するか」
「どこに投資すれば最大のリターンが見込めるか」
なのです。

人生には順序がある

まずは「時間」という資産を活用することです。そこから、「能力」→「人脈」→「お金」という順番でゴール地点に向かいます。この順序を間違えると、人生がおかしくなってしまいます。

よくやりがちなのが、この順序の最後である「お金」を先にとりにいこうとしてしまうパターンです。これは多くの場合、うまくいきません。うまくいかないだけならいいのですが、騙されてしまう人も多くいます。詐欺に遭う人は、だいたいこのパターンです。

「人脈」も同じです。僕もつい言いがちですが、「人生は出会いで決まる」というフレーズを信じて、手当たり次第に人に会っている人がいます。「人生は出会いで決まる」というのは嘘ではありませんが、お金と同じように順序を間違えると、痛い目に遭います。

現代はＳＮＳやマッチングアプリなどの普及で、誰でも良いのであれば、いくらでも人に出会える時代です。むしろ、**どう会わないかを考えないと、無駄な人間関係ができていくだけ**です。それはすなわち、無駄な時間を使うことを意味します。

そもそも「人脈」は作るものではありません。

いつのまにかできているのが「人脈」です。「出会う」というよりも、「紹介」で広がっていくものなのです。僕も現在は、ほとんどの場合、紹介で出会います。

まずは、**「時間」→「能力」→「人脈」→「お金」**という順序を覚えておいてください。この順序を間違えると、騙されたり、成果が出なかったり、遠回りすることになります。

この順序で資産を増やすことが、「人生のルール」なのです。

ですから、まずは「時間」に手をつけます。

時間だけは、自分でコントロールできる。そこにフォーカスするのです。

ゴール地点はどう設定すればいいか

それでは、あなたのスタート地点とゴール地点を設定していきましょう。

前述したように、「能力」「人脈」「お金」の3つの資産は人によって差がありすぎるので、**スタート地点は「時間しか持っていない状態」**と考えます。結果的にほかの資産があれば、それはプラスアルファになります。

スタート地点が決まったら、次はゴール地点です。

僕は普段から「やりたいことはなくていい」と発信していますが、一切何もなくていいというわけではありません。なんでもそうですが、なんらかの目的がないと戦略は立ちません。

僕がいつも伝えているのは、**無理矢理「やりたいこと」を探す必要はない**ということとです。ただ、**人生というゲームを攻略するために、ゴール地点は必要**です。

そこで、スタート地点を「時間しか持っていない状態」としたように、**ゴール地点は「4つの資産の最大化」**に設定します。

これで、スタート地点とゴール地点が設定されました。

「1日24時間という資産を持っている」というのがスタート地点で、「4つの資産を増やす」というのがゴール地点です。

4つの資産が増えれば「やりたいこと」が見えてくる

僕は、多くの人は「やりたいこと」なんかないのが普通だと思っています。

とくに日本で生まれ育った僕たちは、生存するだけなら恵まれた環境にいます。だからこそ、本当の意味での「やりたいこと」がある人は少ないと思うのです。

簡単に言えば、生物としては満たされているわけです。安くておいしい食事もあるし、インターネットを通じて無料の娯楽もいくらでもあります。

このような環境にいて、「やりたいこと」があるほうが〝異常〟なのです。

世の中には、

「やりたいことをやろう」

「好きなことで稼ごう」

というスローガンが流布されています。これはきっと、**そういう生き方をしてきた人だけが発言権を持ってしまっているから**です。好きなことをして成功した人たちがテレビに出たりしているからです。

ただし、そんな人は全体の１％もいません。そのほかの99％の人たちには関係のない話なのです。

ですから、本書では「４つの資産の最大化」をゴール地点に設定しました。

４つの資産が増えれば、できることも増えるし、それによって「やりたいこと」が出てくる可能性が高い。しかも、能力、人脈、お金もそれなりに持っている状態であれば、それを実現することも可能になっているはずです。

本書ではそこをゴールにしていくので、そのつもりで読み進めていってください。

本書を読み終わる頃には、「人生のルール」が理解できているはずです。

28歳からの10年間でやったこと

ここで僕の話をしたいと思います。いま思えば、僕も「時間」→「能力」→「人脈」→「お金」の順で資産が増えていった経験があります。

僕はまさに、「やりたいことがない20代」を過ごしていました。そんなときにたまたま見た求人広告に応募して、出版社に入ることになったのです。そこで、良い上司に恵まれたこともあり、まずは編集スキルやマーケティングを存分に学びました。

時間を、能力アップに使ったのです。

その後、その能力を著者のために使いました。当時は弱小出版社にいたので、一緒に本を作ってもらえるだけでありがたく、著者の方を有名にするために頑張りました。

つまり、**時間と能力を、人脈に使った**のです。

それをただ繰り返した結果、10年間で1100万部もの本を売ることができました。

人脈が増えた結果、「お金」もついてきました。

正直、やっている最中はなんにも考えていませんでしたが、振り返ってみると本書で僕が提案している戦略通りに動いていただけでした。

「無駄なこと」ほど意味がある

もともと、僕は勝負事が好きなので、古今東西のギャンブル小説を読みあさっていました。その結果、無意識に戦略を考えるようになり、知らず知らずのうちに戦略的に動けたのかもしれません。

ギャンブル小説を読むことは、人生になんの役にも立たないように見えますが、僕の場合は、そのおかげで人生が良い方向にいったと思っています。

このように、**人生には一見無駄そうに思える経験が活きたりする**のです。

本書では、無駄な経験の大切さも書いていきます（詳しくは、第4章でお話しします）。

結果的に出版社に在籍していた10年間はすべての時間を編集という能力アップに投資し、その能力を買われて人脈が広がりました。当然、結果とともにお金もついてきました。

もし、僕がお金だけをゴールに動いていたら、このような結果は出なかったでしょう。時間を最大限に活かし、能力アップに投資し続けたからこそ、最終的に4つの資産が増えたのです。

そのおかげもあって、いまではやりたいことができて、しかもそれらを実現することもできるようになりました。もちろん、すべて多くの人に恵まれた結果です。

余談になりますが、

「長倉さんほど楽しそうに生きているおじさんは見たことない」

と言われることが多いのですが、いつも最高の褒め言葉だと思い、言われるたびにニヤついています。

コントロールできるのは時間だけ

僕たちがコントロールできるのは、「いま」だけです。

ただ、そんなことを言ったら、刹那的になってしまいます。だから、**まずは1日をどう使うかを考えます。その延長で、1週間、1カ月、1年と考えるのです。その結果が、人生になります。**

10年後の目標を立てる人もいますが、あまり長期間になると不確定要素が多くなり、コントロールが利かなくなります。事故に遭ったり、病気になったりする可能性も出てくるからです。

結局、現在というのは過去にやってきたことの結果です。

いまに不満があるなら、それは過去にやってきたことを後悔するしかありません。

僕自身もこうやって本を書いてはいるものの、不満はあり、自分の頭の悪さにいつも悩まされています。

未来はコントロールできる

僕は仕事で本当に頭の良い人たちと会うことが多いです。学歴がすべてではありませんが、東大を出ている人もいれば、スタンフォード大学、コロンビア大学、カーネギーメロン大学といった世界的な名門校を出ている人もいます。

彼らといていつも感じるのが、自分の頭の悪さです。

「学生時代にもっと勉強しておけばなあ」と、いつも思っています。ただ後悔しても仕方ないので、いま、読書をしたり、本を書いたり努力しているわけです。

「過去の結果が現在」という話をすると残酷に聞こえるかもしれませんが、僕はむしろ希望のある話だと思っています。

過去が現在を作っているなら、未来を作るのは現在だからです。だとするなら、現在を変えれば未来を変えることができるのです。

もっと言えば、**現在の時間の使い方を変えれば、人生はある程度は思い通りになる**

とも言えます。

これってすごくないですか。

いまを変えれば未来が変わる。

しかも、**いまはコントロールできるわけですから、未来もコントロールできる**と考えていいわけです。

だから、僕は「時間」をどう使うかにこだわってほしいのです。それが、未来に直結するのですから。

「他人の目」はコントロールできない

しかし、多くの人がコントロールできないものに気をとられすぎています。

はっきり言ってコントロールできないものには、１ミリも注意を払う必要はありません。

とくに僕が気になるのは、「他人の目」を気にしている人が思いのほか多いことです。

他人がどう思うかほど、コントロールできないものはありません。

同じものを見たって、人によって感じることは違います。僕たちはそれぞれ育った環境も、いまいる環境も違うわけですから、他人のことは絶対にわかりません。

よく「価値観が違ったから離婚した」という人がいますが、そもそも価値観が同じ人がいるなんてこと自体がありえないと思ったほうがいいのです。

人それぞれ感じることは違うという当たり前なことを考えれば、「他人の目」ほど気にしても仕方のないものはないとわかるはずです。

ところが、多くの人が「他人の目」を気にしながら生きています。とくにＳＮＳに時間を使っている人は、つながっている人と自分を比べがちです。

比べることで、もし自分の行動が影響されているとしたら要注意です。知らず知らずのうちに、あなたの人生は他人にコントロールされてしまっているということだからです。

とにかく、自分の時間に集中しましょう。

コントロールできるのは自分の時間だけなのだから、**コントロールできないことはすべて無視する**くらいでいいのです。その中でも「他人の目」は意識的に無視しましょう。

僕たちは社会性の生き物なので、どうしても他人に影響されてしまいます。こういうことを言うと怒られてしまうかもしれませんが、人と人がわかり合うことはないと思ったほうがいいかもしれません。

いかがだったでしょうか。

この章では、「人生のルール」についての基本的な話をしました。

繰り返しになりますが、**「時間」「能力」「人脈」「お金」の順で資産の最大化を狙うのが「人生のルール」なのです。**

その上で、唯一コントロールできる「時間」について、次章以降で詳しく書いていきます。

CHAPTER 01 まとめ

- ☑ 人生はすべて偶然でできている。「人生のルール」を知れば、「良い偶然」を増やすことができる。
- ☑ 人生の資産である「時間」「能力」「人脈」「お金」をどう増やしていくかが、人生戦略の基本である。
- ☑ 自分で唯一コントロールできるのが「時間」。時間をどこに投資して最大のリターンを得るかを考えるべき。
- ☑ 「人生のルール」とは、4つの資産を「時間」↓「能力」↓「人脈」↓「お金」の順で増やすこと。
- ☑ 4つの資産が増えれば、「やりたいこと」が見えてくる。

←

「時間」を使って、「4つの資産の最大化」を目指す!

COLUMN

最強スキル「ひと呼吸置く」

■ ■ ■

僕はよく「感情を無視しろ」という話をします。「感情」は外的な要因によって、引き起こされる反応だからです。つまり、「感情」には必ず原因があるのです。何もないところから、勝手に「感情」が湧き出てくるとは考えづらい。

なぜ、こんな話をするかというと、「感情」を大事にしている人が多すぎると思うからです。僕は感情ほどやっかいなものはないと思っています。人は誰しも嫌なことがあれば、イライラします。これが感情です。これはまさに反応なわけです。

そこで考えてほしいのが、イライラして良いことがあるかどうか。イライラしてパートナーとケンカになるなんてこともあるでしょう。普段なら気にならないことが気になったりもするでしょう。正直、何1つ良いことはありません。

そこで重要なのが「ひと呼吸置く」こと。「感情」が湧き上がるのを防ぐことはできません。ただ、反応するかどうかは自分で選択できます。このときに、必ず「ひと呼吸置く」のです。そして、自分の目的を冷静に考えるのです。パートナーをケンカで負かすことが目的なのか、良い関係を長く築くことが目的なのか。

人生がうまくいかない人の大半は、行動が感情に支配されています。その場その場で「反応」してしまっているのです。「反応」の積み重ねの人生なのです。「反応」は外的要因から来るわけですから、そういう人ほど「他人に振り回される人生」になっていきます。

ですから、僕は「感情」を無視するようにしています。これができるようになると「他人の目」も気にならなくなり、その瞬間から「自分の人生」が始まります。まずは「ひと呼吸置く」。これはトレーニングなので、やり続けるとできるようになります。

■ ■ ■

CHAPTER 02

「時間」はどんどん買おう！

時間は増やせない！

この章では、「時間の性質」について書いていきます。

あまりにも身近すぎて、ほとんどの人は時間についてあらためて考えたことがありません。

しかし、僕たちは人生についてはよく考えます。あなたも、迷ったり、悩んだり、そんなことを毎日繰り返しているのではないでしょうか。

人生＝時間です。

時間の積み重ねが人生を作っています。

正確には、**与えられた時間の中で「何をしたか」の積み重ね**と言ったほうがいいかもしれません。

前章で「時間だけはコントロールできる」と話しました。だからこそ、時間をどう使うかが重要であり、そこさえ押さえれば、**他の資産は後からついてきます。**

ただし、問題があります。

それは、**時間を増やすことはできない**ということ。1日24時間という時間だけはすべての人にとって同じです。アメリカ大統領であろうが関係ありません。

僕が時間にフォーカスする理由もここにあります。

前述したように、「能力」「人脈」「お金」は平等ではなく、これらの資産は人によってまちまちです。生まれつき運動能力が高い人もいれば、実家がお金持ちの人もいます。また、小さい頃から名門校に通っていれば、人脈が最初からある人もいるでしょう。

ですから、これらの資産について書いても、持っているものにばらつきがありすぎて再現性がないのです。

時間は限られていますが、全員が平等に持っているので、本書で書くことはすべての人に当てはまります。

時間ほど重要なものはありません。にもかかわらず、多くの人がうまく使えていません。

お金よりも時間が大切な理由

「なけなしの金」などと言われますが、まさに時間はすべての人にとって「なけなし」です。ですから、その価値と特性について、徹底的に理解する必要があります。

時間は平等であると同時に、**「有限」**です。

これも、ほかの資産との決定的な違いです。人脈とお金は無限だし、能力に関しても人の手を借りれば、無限と言えるでしょう。少なくとも時間のように絶対的に有限ではありません。

このことだけを考えてみても、**時間が最も価値が高い**のです。僕たちの生きている世界は、希少性のあるものに価値が集まります。よって、時間も価値が高くなります。人によってはお金のほうを優先してしまいますが、これは完全に間違いと言っていいでしょう。

僕の航空会社の選び方

　実際、僕が出会う成功者のほとんどが、お金より時間を重視しています。そんな人たちを見ていて、僕も考え方が変わっていきました。

　たとえば、僕が飛行機を使うときになるべくＪＡＬ（日本航空）にしている理由は、どこの空港でも搭乗口が空港出入口に近いからです。羽田からサンフランシスコに行くときも、ラウンジの目の前の搭乗口から乗れますし、到着口も出口に近いことが多い。国内線はなおさらその傾向が強かったりします。

　もちろん、料金は割高になりますが、前後の時間を重視してＪＡＬを選んでいます。

　飛行機を選ぶときに、どんなに高くても「直行便」を選ぶのも同じ理由からです。乗継便より速いのもありますが、それ以上にロストバゲッジなどのトラブルが防げるのも理由の１つです。もしロストバゲッジになれば、膨大な時間がとられるわけですから。

「人生のルール」を知っている人は、お金よりも時間を優先するのです。

この感覚を持つことで人生は大きく変わっていきます。数十円の割引のために何十分もかけて遠くのスーパーに買いに行くようなことはなくなるのです。

一番安いものではなく、一番早いものを選ぶ。

お金より時間が大切だとわかれば当たり前のことなのです。

筋トレが無駄な理由

しかし多くの人が、無駄なことに時間を使っています。

何もしない時間が無駄という意味ではありません。

僕が無駄だと言うのは、**「未来」につながっていない時間**です。

たとえば、「お金を稼げるようになりたい」「独立して稼げるようになりたい」という若者に会うことが多いのですが、そんなことを言いながら筋トレをしている人の割合が高かったりします。成功者と言われる人の多くが筋トレをしているからでしょうか。

筋トレ自体が悪いとはまったく思いませんが、もし稼げるようになりたいのに筋トレをしているのなら、お金やビジネスに関する勉強に時間を割いたほうが、よほど意味があります。

すでに成功したおじさんが若さを保つためにしている分には異議を唱えるつもりはありません。しかし、まだ何も成していないなら、そんな時間は必要ないと思ったほうがいいでしょう。

「お金を稼ぎたい」「これからキャリアを築きたい」という若者なら、**まずやるべきは能力への投資**です。

未来につながる能力を身につけたり、お金に関する勉強をしたりすることでもいいかもしれません。少なくとも筋トレではないはずです。

マッチングアプリでメンター探し？

同じように、「出会い」についても無駄なことをしている人が多いように感じます。たとえば、「出会いが人生を変える」というのを鵜呑みにして、マッチングアプリなどで闇雲に人に会っている若者によく会います。デート相手を見つけるならマッチングアプリでいいかもしれませんが、未来につながるような出会いは、そこにはないと思ったほうがいいでしょう。

僕が驚いたのは「メンターを見つけるためにマッチングアプリを使っている」と言っている若者までいたことです。

未来につながることを重視するなら、「自分の知らない知識」を持っている人や「したことのない経験」をしている人に出会わなければ意味はないはずです。

当然、そのためには、自分自身の知識や経験も増やしていかないといけません。知識も、増えることで次の知識に出会えるからです。

このように、未来につながるような出会いは、基本的には段階を踏んでいくことで訪れるものなので、まずは自分一人でやれる限りのことをやる必要があります。それは、読書であったり、新しいチャレンジであったりするでしょう。新しい出会いはその先にあります。

あくまでも、**自分の成長があってはじめて、未来につながる人と出会える**のです。現在の人間関係は現在の自分を反映しています。未来の人間関係を求めるなら、現在の自分を少しでも変えていかないと出会えません。

人は過去に生きる動物

多くの人が、未来に関係していないことに時間を使っています。

ですが、これは人間の性《さが》です。僕らは知らないものを警戒する生き物だからです。無意識に慣れ親しんだものを選ぶようにプログラムされていると言ってもいいでしょう。

人間の本能は、生存することが優先されるので、**必然的に現状維持を望む**ようになります。

たとえば、行きつけのお店のほうが、居心地がよかったり、着慣れた系統の服が落ち着いたり。だから、お店も一度慣れると、何度も足を運ぶようになります。極端な場合は、注文するメニューも毎回同じになります。

恥ずかしながら僕も意識しないと、いつのまにかそういう行動をとることが多いです。行きつけの近所のスターバックスで、いつものメニューを注文してしまいます。僕は早朝に行くことが多いので、座る場所まで同じだったりします。しまいには違う街、違う国に行ってもついスターバックスに入ってしまいます。

僕たちの脳は、慣れたものを選択させることで省エネしようとします。そうじゃないと、五感から入ってくる大量の情報処理ができず、パンクしてしまうからです。

だから僕らは、できるだけ考えないですむ、慣れたものを選択するようになっているのです。

過去の延長を生きるしかない環境

ただ、これは危険です。

慣れたことばかりやっていれば、何も考えなくなるからです。もっと言えば、何も感じなくなってしまいます。

しかも、あなたが毎日使っているインターネットは、あなたが過去に選んだものから推測して情報が提示されます。あなたの過去と親和性の強い情報しか表示されません。つまり、過去をベースとした情報しか表示されないのです。

たとえば、Ａｍａｚｏｎのレコメンド機能がわかりやすいかもしれません。消費者の傾向をコンピューターが計算し、あなたが買いそうな商品、あなたが面白がりそうな情報を提示してきます。

このように僕たちは、**無意識のうちに「過去に関連するもの」を選択させられているのです。**

だからこそ、意識して「未来」に関係するものを選んでいく必要があります。脳もインターネットも、僕たちを過去に縛ろうとしてくる。このことを知っておかないと、過去の延長線上の人生しかなくなります。その結果、時間は無駄に消費されていくことになるのです。

未知への挑戦

重要なのは、**「未来につながっているかどうか」**です。

「未来につながっているかどうか」は、**「未知」か「既知」か**でわかります。

「新しい」ものであれば、それだけで未来につながっている可能性が高いのです。

ただ、僕たちはどうしても「既知」を選ぶ傾向にあることは前述した通りです。ですから、常に意識して「未知」を選ぶ必要があるのです。

とはいえ、「既知」を選んでしまうのは癖なので、そう簡単には治りません。

人は毎日９０００回の選択をしていると言われています。そのほとんどが無意識による選択です。逆に言えば、「既知」だからこそ無意識で選べるのです。

これはとても恐ろしいことです。

僕たちは無意識で「過去」につながる選択を多くしているということです。

だから、多くの人の人生が変わらないのです。「過去」につながる選択をしている限り、過去の延長線上の人生しか待っていません。

これを打破するために、日頃からトレーニングをすることをおすすめします。

トレーニング方法は、

「迷ったら、未知のものを選ぶ」

です。飲食店でメニューに迷ったら食べたことがないものを選ぶなど、自分の中でルールを決めるようにするのです。毎日、違うルートで職場に行くでもいいでしょう。もちろん、毎日、行ったことのない店に入るでもいいです。

こうやって日頃からトレーニングをしておかないと、僕たちは必ず「既知」のものを選んでしまいます。それが習慣であり、癖だからです。

買える時間は買ったほうが得

多くの人が無意識で過去を選んでいるように、多くの人はお金で時間が買えることを知りません。

「人生のルール」を知っている人たちは、買える時間はすべて買っています。

時間そのものを増やすことはできませんが、**時間を買うことで、使える時間を生み出す**ことはできます。

「買える時間？」「時間を買う？」と思う人がいるかもしれませんが、僕たちは知らず知らずのうちに時間を買っています。

たとえば、京都から新大阪に移動するときに、各駅停車の電車で行けば約40分かかるところ、新幹線で行けば約15分で着きます。この場合、差額で時間を買ったことになります。

僕が航空会社を選ぶときに割高なＪＡＬを選んでいるのも、時間を買っていることと同じです。電車よりタクシーが早い場合は、タクシーに乗るのも時間を買っていることになります。

このように僕たちは、知らないうちに時間を買っているのです。

とくに最近は、スキルシェア系のマッチングアプリやマッチングサイトが流行っており、「ベビーシッター」「家事代行」「掃除」「料理」といった育児や家事を、簡単に人に頼めるようになりました。

時間の売り買いが簡単になったのです。出前で有名なウーバーイーツだって、食事を買いに行く時間を買っていることになります。

僕はこういうサービスは積極的に活用するべきだと思っています。とにかく**「買える時間はすべて買う」**ほうがいいに決まっています。

女性こそ時間を買うべき

とくに、女性はどんどんこういったサービスを使うべきでしょう。

女性の労働力はこれからの時代、より貴重になってきます。そんな中でスキル系のマッチングアプリは社会を変える可能性があります。

日本では「ベビーシッター」「家事」「掃除」「料理」といった労働は、すべて「家事」ということで、女性に任せっきりにしてきました。世界を見渡してみても、もうそういう時代ではないのは明らかです。

ところが、日本はいまだに女性差別が根強い社会です。世界経済フォーラム（WEF）が2019年12月に発表した男女差別の状況を測る「世界ジェンダー・ギャップ報告書2020」によると、「ジェンダー・ギャップ指数」で日本は121位。1位から5位まではアイスランド、ノルウェー、フィンランド、スウェーデン、ニカラグアで、日本はG7の中で圧倒的な最下位でした。いまも儒教的価値観が根強い中国や韓国ですらそれぞれ106位、108位で、日本はそれよりも下でした。

この順位はとにかく恥ずかしい。だからこそ日本で、女性がどんどん「時間を買う」という風潮が広がっていくといいと思います。

買う側はその時間を使ってほかのことができるし、売る側には雇用が生まれます。

隙間時間に仕事を請け負うことを「ギグワーク」と呼ぶのですが、売る側と買う側の双方にとってＷｉｎ－Ｗｉｎなので積極的に活用していきましょう。

このように、現在はアプリやサイトのおかげで、時間を買うのが容易になってきています。買える時間は、どんどん買っていきましょう。

まだまだ日本では馴染みが薄いかもしれませんが、多くの人がまだやっていないからこそやるべきなのです。

借金はタイムマシーン

借金も、時間を買うことと同じです。

すべての借金が時間を買うことにはなりませんが、積極的に活用していくことをおすすめします。

借金というと悪い印象を持つ人が多いですが、住宅ローンはどうでしょうか。住宅ローンも借金ですが、あまり悪い印象はありません。

住宅ローンのからくりはこうです。日本人の多くがマイホームのためにローンを組みます。だいたい30年とか35年ローンを組むことでマイホームを手に入れます。

もし現金で一括で払うなら、住宅が買えるくらいの資金を貯めてからしか買えません。たとえば、3000万円の住宅を買おうとしたら、先に3000万円を貯めなければいけません。

そのために30年かかると考えたら、住宅ローンという借金をすることでいますぐ手に入れたほうがいいというのが、ローンで住宅を買う人のメリットです。利息が発生するわけですが、**その利息で、30年という時間を買った**ことになるのです。

僕が借金肯定派である理由はここです。**借金をすることで時間を買える**のです。

利息がもったいないと借金を毛嫌いする人も多いようですが、むしろ利息分で時間が買えるなら、僕は安いとすら思っています。

授業料100万円の専門学校に行く場合も、1年間アルバイトしてからよりも、借金をしてすぐに入学したほうが1年前倒しで学べることになります。

このように、**時間を買える借金なら積極的にしていきましょう。**

ただ、勘違いしないでほしいのは、必ずしも僕が住宅ローンをすすめているわけではないということです。一番馴染みがある借金だから例に出したのであり、僕は日本の不動産には悲観的です。

よく「持ち家」か「賃貸か」みたいな議論がありますが、どちらが得ってことはなく、そこは個人の価値基準次第になります。

「効率」を求めるのは古い？

こうやって「無駄を省け」などと強調していると、効率を重視していると思うかもしれません。

しかし、それは違います。

1章で定めたように、人生の目的、ゴール地点は、「時間」「能力」「人脈」「お金」の4つの資産を最大化することです。効率だけ求めていれば、当然、時間が奪われていきます。時間を犠牲にして、他の3つの資産を最大化することになります。

たしかに、時間がゼロになったとしても、4つの資産のトータルは増えるかもしれません。ただ、これは長続きしません。

僕自身もどちらかというと、徹底的に自分を追い込んで成長し、徹底的に負荷をかけていくことで、人生を変えてきました。

ところが、これは特殊な例であって、すべての人に当てはまるわけではないと、やっと気づきました。

現代はメンタルを病む人が増えているように、ストレスが蔓延しています。そんな環境の中で、さらに負荷をかけるようなアプローチは、いつか必ず破綻します。

メンタルが壊れてしまえば、一生を棒にふるかもしれません。それはあまりにもリスクが大きすぎます。

ですから、**時間も含めた４つの資産は、それぞれバランスよく増やす**ことを目指すべきなのです。

サステイナブルな人生を

だから、「時間」という資産は、余裕が生まれるような使い方をしないといけません。

よく言われることですが、「心を亡くす」と書いて「忙しい」というように、忙しくしないようにすることが重要です。

結局は、続けたものしか成果が出ないからです。

ですから、時間の使い方を考えるときも、**「続けることができるか」**という部分が重要なのです。最近、「サスティナブル（sustainable）」という言葉が流行っていますが、まさに**「持続可能な人生」を目指すべき**です。

いままでの「時間本」の多くは、効率を重視したものばかりでした。「1日を30時間にする方法」などのように、隙間時間も含めてスケジュールを埋めていくような「徹底した行動管理」ばかりでした。

正直、「そんなことができるなら苦労しないよ」と思う内容ばかりです。これが典型的な成功者たちの心理である、「自分もできたから君もできるよ」なのですが、僕たちには無理なわけです。

言いたいことはわかります。それにそういう本を読むと一時的にヤル気は湧きます。ただ、それは続かない場合が多いのです。

とくに僕は仕事で営業チームのコンサルティングに入ることもあるのですが、一時的にヤル気を起こさせることは簡単です。しかし、続けていくと多くの人がつぶれていきます。

長く続けるためには、まったく新しいアプローチが必要なのです。

時間を2つに分けろ！

そこで僕が考えたのが、時間を2つに分ける方法です。

時間を、**「プロダクティブタイム」（生産的な時間）**と**「アンプロダクティブタイム」（非生産的な時間）に分ける**のです。

「プロダクティブタイム」には、生産性を上げ、時間を徹底的に短縮します。詳しくは次章で説明しますが、生産性が2倍になればかかる時間は半分ですみます。その分、時間が余ります。その余った時間をなるべく「アンプロダクティブタイム」に充てます。

「アンプロダクティブタイム」は簡単に言えば、何も生み出さない時間、極端な話、何もしなくてもいい時間です。

「アンプロダクティブタイム」に何をするかは第4章で詳しく話しますが、人にはこういった時間が必要なのです。

クリエイティブ&ユニーク

「時間」という資産を増やすことと「アンプロダクティブタイム」を増やすことはイコールです。なぜなら、**「アンプロダクティブタイム」を多く持つことが豊かな人生につながる**からです。

これからの時代は、**「クリエイティブ」**と**「ユニーク」**が重要になります。

なぜなら、テレワークの浸透によって、距離の壁がなくなるからです。いままでは近くに存在していたという理由で相手にされていた人も、これからは「その他大勢の存在」になるかもしれない。

人と違っていることこそが、生存戦略になってくるのです。

そのためにも「アンプロダクティブタイム」が必要です。「未知」のものにどんどんチャレンジすることで「クリエイティブ」で「ユニーク」な人間になっていくからです。

僕たちはこれまで、「やらなければならないこと」に追われすぎてきました。「ＴｏＤｏリスト」にたくさんタスクを書き込んで、それらをこなしていくだけでは「つまらない人間」ができあがるだけです。

実際、そういう仕事の仕方をしている人は、「つまらない人間」が多い。そういった人は、メリットでしか人とつながれないし、クリエイティビティにも乏しい人が多いように思います。

そういう人と一緒にいても疲れるだけ。面白くもないわけです。

次章以降で、「プロダクティブタイム」と「アンプロダクティブタイム」をどのように使い分け、実際にその時間に何をしていくのかを詳しく書いていきます。

CHAPTER 02 まとめ

- 時間は全員に「平等」であり、「有限」である。決して、増やすことはできない。
- 買える時間は、場合によっては借金をしてでもすべて買うべき。
- 人は無意識のうちに「過去に関連するもの」を選択する。「未知」のものを意識的に選ぶことで、「クリエイティブ」で「ユニーク」な人間になる。
- 時間は「プロダクティブタイム」と「アンプロダクティブタイム」に分けて考える。

「アンプロダクティブタイム」を多く持つことが、豊かな人生につながる!

COLUMN

「資格」はとるだけ無駄

■ ■ ■

能力アップを考えるときに、「資格」の取得を目指す人がいます。僕はいまの時代ほど、「資格は必要ない」と思っています。僕は自動車運転免許しか資格を持っていません。しかも、40歳でとったもの。それくらい「資格」には興味ありません。よく民間の「○○協会認定資格」みたいなものをとりまくっている人もいますが無駄です。

「資格」は決定的なスキルにはなりません。もちろん、学生時代になりたい職業があり、それに必要なら資格をとるのは問題ありません。しかし、社会に出てから、将来が不安だからと勉強するような資格はあまりおすすめできません。なぜなら、今後、資格のあるような職業ほど価値が下がっていくからです。資格はとった瞬間から、「そのほか大勢の資格取得者」になってしまうだけなのです。つまり、コモディティ化してしまうわけです。

そうなると、時間単価は下がっていきます。資格がある人なら誰でも同じ仕事をするのであれば、価格が安いほうに向かっていくのが自然だからです。僕の肩書は作家／プロデューサーです。とくに資格は必要ありません。ただ、どんな資格よりも時給は高いはずです。明確な資格がないから時給を勝手に決めることができるのです。

また、資格になるものほどＡＩに取って代わられる可能性が高い。資格はデータなため、むしろコンピューターの得意分野です。運転免許も資格があるから、自動運転技術が生まれるわけです。

これらを考えても、資格勉強に時間とお金を投下するのは効率が悪すぎます。もちろん、好きでやるのなら全然問題ありません。ただ、人生戦略上、資格勉強ほど投下した時間に対してのリターンが少ないものはないと思っています。

■ ■ ■

CHAPTER 03

「プロダクティブタイム」は1・5倍速で考える！

「プロダクティブタイム」にやるべきこと

ここまで、「人生のルール」「時間の特性」について書いてきました。この章からは、具体的な時間の使い方に入っていきます。まずは「プロダクティブタイム」からです。

文字通り、**「生産性」を重視する時間**です。成果を生み出す時間とも言えます。**「プロダクティブタイム」の目的は、「アンプロダクティブタイム」をより多く生み出すこと**です。「プロダクティブタイム」を短縮して、できるだけ長く「アンプロダクティブタイム」を持てるようにします。

具体的には、いままで8時間でやっていたことを4時間で終わらせることができれば、4時間の「アンプロダクティブタイム」という資産が増えることになります。

前述したように、時間は有限です。使えば使うほどなくなっていきます。その中で「アンプロダクティブタイム」を増やすことこそが、時間という資産を増やすことにつながります。

時間を買うのと同様に、**プロダクティブタイムの効率を上げることが、使える時間を増やすことにつながる**のです。

なぜ、アップルショップは銀座にあるのか？

僕たちが生きている世界は、誰が作ったかわからない「コンセンサス」に満ちています。

たとえば、コンセンサスとは「複数人による意見の一致や合意」のことです。アップルの製品は価格が高いというのもコンセンサスです。おそらく機能だけ見れば、他の会社のパソコンやスマートフォンも見劣りしないはずですが、価格が全然違います。

にもかかわらず、アップルの製品が売れているのは、そういうコンセンサスを世の中に浸透させているからです。

よくよく考えてみると、アップルショップはほとんどが高級ブランド店の並びにあります。ニューヨークなら5番街に、東京も銀座や表参道にあります。つまり、アップルは高級ブランドだから価格が高くて当たり前であるというメッセージを発信して、コンセンサスを形成しているのです。

同じように、時間についてもいくつかの「コンセンサス」が存在しています。「会議は1時間」とか「昼休みは1時間」とか「飲み会は2時間」とか、あなたの周りにもとくに深くは考えていないけれど、なんとなく決まっている時間があるはずです。

まずはそういったものを見直していくだけで、「プロダクティブタイム」はどんどん短縮できるはずです。

「プロダクティブタイム」では「時短」を徹底していくことで、どんどん生産性が上がっていきます。

時間はお金よりも大切

「プロダクティブタイム」では、とにかく生産性を重視すること。使った時間に対してどれだけのリターンを得られたかが重要です。

つまり、コストパフォーマンスです。よく「コスパが良い」「コスパが悪い」と言いますが、これは多くの場合、かけたコストに対するリターンの大小を言います。

このコストは「お金」が基本ですが、本書では時間をコストとして考えるので「時間のコスパ」とします。

「プロダクティブタイム」では、「時間のコスパ」を徹底的に高めることを目指します。

僕がコンサルティングやプロデュースをするときに心がけているのが、まさに「時間のコスパ」を上げることです。単純に売上を2倍にするなら、極論、2倍の時間、稼働すればいい。けど、それだと僕が関わる意味がありません。

だから僕は、いろんな方法で、同じ時間で2倍の売上にするか、時間を半分にして同じ売上をキープするかを考えます。前者はお金が生まれるし、後者は時間が生まれます。

お金を再投資に回すか、時間を再投資に回すかは、その人の価値観に任せます。

ただ、僕がすすめるのは後者で、「アンプロダクティブタイム」を増やすようにアドバイスしています。

とにかく「プロダクティブタイム」で重要なのは、時間のコスパを高めることです。そこを徹底的に意識してください。

生産性とはなんなのか？

よく日本人は「生産性が低い」と言われます。逆に、そもそもコスパが悪いので、上げるのは簡単なわけです。

実際、あらゆる研究機関の調査結果からも、生産性の低さが明らかになっています。労働生産性には「物的労働生産性」と「付加価値労働生産性」がありますが、時間のコスパを考えるときは後者の考え方が参考になります。

「付加価値労働生産性」は次のように、〝付加価値を労働量で割る〟ことで算出できます。

付加価値労働生産性＝付加価値／労働量

付加価値の計算方法はいろいろありますが、単純に売上からコストを引いて出た数字と考えていいでしょう（付加価値＝売上－コスト）。
たとえば、100円で作ったTシャツを1000円で売れば、付加価値は900円（＝1000円－100円）です。高級ブランドであれば、1万円で販売することも可能で、この場合、付加価値は9900円（＝1万円－100円）で、労働生産性が高いと言えます。

一方、僕が時間のコスパを考えるときには、

時間のコスパ＝付加価値／時間

で考えます。このときの付加価値の算出方法は、**「人生の4つの資産のいずれかをどれくらい生み出したか」**になります。

正直、「時間」「能力」「人脈」「お金」のうち、「お金」以外は明確な数値にできませんが、なんとなくのイメージで捉えれば大丈夫です。

「能力」で言えば、できることが増えたならコスパは良いと言えます。

「人脈」で言えば、新しい人と出会えたならパフォーマンスが上がったことになります。また、話しているだけで勉強になる人と会ったなら「能力」に、その人と次のプロジェクトの話ができたなら「お金」に直結するので、この場合も付加価値が生まれたと言えます。

「時間のコスパ」は人によって違う

「時間のコスパ」を考えるときに重要になるのが、自分の価値観です。

とくに**「お金」以外の3つの資産はその人の価値観によって、コスパの良し悪しが変わってきます。**ですから、自分の価値観を明確にしておく必要があります。

そのときに次のような考え方で価値観を決めておくのがいいかもしれません。もちろん、あとで変わっても良いので、気楽に考えていきましょう。

時間…「アンプロダクティブタイム」を生み出せたか。

能力…なんらかのスキルを身につけられたか。学びのある人と共有する時間も、能力アップにつながると言えます。また、新しい体験は経験値を上げるので能力に寄与すると考えることができます。

人脈…新しい人と出会えたか。ただし、自分の知らない知識や経験を持っている、学びにつながる人との出会いに限ります。そのような人に紹介される人になるためのすべての行動も、人脈につながると言えるでしょう。

いかがでしょうか。

使った時間に対して、どれくらいリターンが生み出されたかをいつも意識することで、時間のコスパはどんどん上がっていきます。

そしてリターンを考えるときに重要なのは、**そのリターンが未来につながっているかどうか**です。

1・5倍速で生きる

僕たちの生活は習慣の積み重ねでできています。

それが良い習慣であれ悪い習慣であれ、それらの積み重ねの結果です。先ほども書いたように、脳はなるべく大量の情報を処理したくないので、なるべくショートカットしたい。だから、なるべく習慣にしておきたい。

逆に言えば、一度定着した習慣を壊すのは本当に難しいのです。

そんな中、世の中の多くの人が**スケジュールを1時間単位で考えがち**です。これもいつのまにか身についた習慣です。

ビジネスシーンにおいても、とくに意図なく、会議が1時間単位でスケジュールされていたりします。ですから、比較的短時間で終わる仕事も、わざわざ1時間かけていることが多かったりします。

僕は、**1時間を45分もしくは40分単位にする**ことをすすめています。

1時間で終わるものなら、45分で必ず終わるようにします。つまり、約1・5倍速にするということです。

たとえば、YouTubeなどの動画を1・5倍速で観ることはないでしょうか。もし1・5倍速で観たことがなければ、ぜひ試してみてください。1・5倍速でもまったく問題なく観ることができることに気づくでしょう。慣れてくれば2倍速もいけるはずですし、なんなら等倍速が遅く感じるようになるはずです。

そう考えると、1時間でやっていたものを45分で終わらせることは案外難しくなく、誰にでもできます。

これを実行することで、たとえば1日8時間かけていたものを6時間で終わらせることができるのです。つまり、2時間を新たに生み出したことになります。

このように**「プロダクティブタイム」はどんどん倍速化を目指しましょう。**

人は時間を感覚的に捉えていることが多いので、しっかり意識することが重要です。

スピードを上げるトレーニング

正直、あまり「速く、速く」みたいなことは言いたくないのですが、ゆっくりするのは「アンプロダクティブタイム」でしてもらうとして、「プロダクティブタイム」はスピード重視でいきます。

ただ、いままでの1・5倍速と言っても、「そんなこと無理だよ」と思う人もいるかもしれません。

たしかに、普段のスピードを変えることは難しい部分もあります。なぜなら、人はそれぞれ自分のペースで生きてしまっているからです。

よく聞く話だと、田舎から東京に上京してくると、歩く人のスピードが速くて驚く人が多いと言います。しかし、ずっと東京で生きている人は、そんなことはまったく感じません。

結局、**「慣れ」ているかどうかだけ**なのです。なので、スピードを上げるには、その速さに慣れる必要があります。

僕は、短期間でいいのでトレーニングをすることをすすめています。

実際、僕のところに働きにきたら、1・5〜2倍速のスピードを叩き込むようにしています。

スピードを上げるためには、すべての行動を速くするしかありません。

そこで、**まずは歩くスピードを速めること。**

本当は食べるスピード、トイレのスピードなど日常生活のすべてを速くするのがいいのですが、そこまで言うとできない人が多いので、まずは「歩く」にフォーカスします。

食事が速いと行儀が悪く見えますが、歩くスピードならそこまで問題は起きないはずです。一人でいるときだけでいいので、ぜひ1・5倍速で歩くことを意識してみてください。僕は、横断歩道は必ず1位で渡り切るなどルールを決めています。

くだらないと思うかもしれませんが、歩くスピードを変えるだけでも、そのほかの行動のスピードが自然と上がるはずです。

25分単位で動くのがいい

1・5倍速に慣れてきたら、2倍速を目指します。

そのために、すべてのタスクを30分単位で考えます。そのとき、**「25分集中して5分休憩」**するようにしましょう。

これはポモドーロ・テクニックと言われている方法で、仕事で高い集中力が必要な人を中心に広く知られています。

「ポモドーロ」とはイタリア語で「トマト」のことで、これは発案者であるフランチェスコ・シリロが学生時代に愛用していたトマト型のキッチンタイマーからきています。

詳しくは、彼が書いた『どんな仕事も「25分＋5分」で結果が出るポモドーロ・テクニック入門』（斉藤裕一訳、CCCメディアハウス）を読んでもらいたいのですが、この本いわく、**25分やって5分休憩するということをひたすら繰り返すと、集中力が保てる**というのです。

まずはキッチンタイマーかスマートフォンを手元に置いて、25分をきっちりとはかります。人は締め切りがあると集中力が発揮される傾向にあるので、ポモドーロ・テクニックを用いると「締め切り効果」も見込め、25分の間、最大限に集中力を発揮できるようになります。

また、5分間の休憩でやることも決めておく必要があります。ここで注意すべきは、**SNSを観たり、メールの返信をしたりしないこと**です。

5分間は、リラックスを心がけましょう。ストレッチをしたり、何か飲み物を飲んだり、脳を徹底的に休めることに専念してください。

このように30分単位で仕事ができるようになると、かなりの時間を生み出せるようになります。もともと1時間でやっていたタスクを30分(休憩含む)で終わらせることが可能になります。これができれば、時間をさらに生み出せるでしょう。

マルチタスクは良いか悪いか

さらに僕は、**同時進行でできることはどんどんやっていくべき**だと思っています。もちろん、1つのことに集中したほうがいいという考えもわかります。脳科学的にもそのほうがいいという研究結果があるのも知っています。

ただ、1つのことに集中できるのも才能だと思っているので、誰もが簡単にできることではありません。

そのため僕たち凡人は、**とにかく手をつける**ことが重要です。

僕は同時にいくつものことをやることで、飽きずに続けることができるようになりました。たとえば、読書も同時に10冊近い本を読み進めています。小説を15分読んだあとに、ビジネス書を10分読む、ということをしています。

先日、あるカフェでアイスラテとチーズケーキをテイクアウトで頼んだら、先にチーズケーキを渡され、イラッとしてしまいました。だって、ラテを入れている間にチーズケーキを渡すほうがはるかに効率的だと思いませんか。

まずはエスプレッソを抽出し、その間にチーズケーキを包む、その後にミルクを注いでラテを完成させる、という手順が効率が良いわけで、それをしない相手に怒りすら感じてしまいました。

1つ終わってから1つやるというのは、「プロダクティブタイム」の短縮になりません。

途中で待つ時間が必要な作業もあるはずです。待つ時間が少しでもあるなら、なるべくその待ち時間にも、他のできる作業をするようにしましょう。

短い時間はスマートフォン仕事

移動時間も有効に使いましょう。**移動と同時になんらかのタスクをこなしていくの**です。

いまはスマートフォンがあります。もし、持っていない人がいるなら、いますぐ買い換えることをおすすめします。

僕の場合は、移動中にスマートフォンを使って、メールの返信などを行います。おもに連絡関係は移動中に終わらせてしまいます。

移動中に何かするのも、同時進行の1つなのです。

スマートフォンを使えば、たとえ移動中でなくても多くのタスクをこなすことが可能になります。ですから、**ちょっとした雑務のようなものは、スマートフォンのメモ帳などに書き留めておきます。**

そして、空いた時間を利用して、雑務をどんどん片づけていきます。さらにこういった雑務はすべてスマートフォンでこなせるようにしておくことが重要です。

これも、慣れです。今日からなるべくスマートフォンでできるものはやっていきましょう。

僕がタクシーやグリーン車に乗るのは、タクシーの中で電話をしたり、なるべく移動中に雑務を片づけるためです。ある意味、これもお金で時間を買っているのと同じなのです。

企画書はスマートフォンで

ちょっとしたアウトプットにも、隙間時間を利用することをおすすめします。

僕の場合は仕事柄、企画書のようなものを書くので、隙間時間はアイデアを出す時間に使うことが多い。とくに少しだけ時間が空いたときは、散歩しながらスマートフォンのメモ機能にアイデアを書き留めていくようにしています。

隙間時間のアウトプットは、企画書でなくても、なんらかの資料を作るときのアイデア出しにもいいでしょう。散歩に出る余裕があるなら気分転換にもなるし、しかも時間が制限されていることから、脳がフル回転して良いアイデアが出るケースも多くあります。

もちろん、このときに行うアウトプットも、スマートフォンでできるようにしておくとより良いでしょう。

中でも、音声入力や音声録音を使うのが便利です。まだ使いこなしていない人が多いようですが、慣れるとかなり便利な機能です。

このように、ちょっとした空き時間を有効活用しようとすると、雑務と軽いアウトプットが中心になるでしょう。

まずは雑務を優先して、それが終わったらアウトプットをするほうが、効率がいいかもしれません。

タスクはリスト化しておく

結局、ポモドーロ・テクニックにしろ、マルチタスクにしろ、スマートフォンでの仕事にしろ、**重要なのは事前にタスクをメモしておくこと**です。

つまり、タスクのリスト化です。気づいたときに、スマートフォンのメモ機能にタスクを書き留めておきます。

ただ、企画のようなものの場合は、夜眠る前に書き留めるか、確認するのがおすすめです。なぜなら、脳が寝ている間に考えることが多いからです。

僕自身、編集者時代は本のタイトルを考えるときにこの方法をとっていました。寝る前に「良いタイトルを考えて」と、脳に問いかけるのです。

これはあくまでも僕の体験談ですが、脳は寝ている間も考えてくれています。寝ている間に、アイデアが湧くということがこれまで何度もありました。よく寝るときにメモ帳を枕元に置いておくというクリエイターの話を聞きますが、これと同じです。

枕元に置いておくのは、スマートフォンでも構いません。

少しオカルトっぽく聞こえるかもしれませんが、意外と朝に良いアイデアを思いついたりするのです。想像以上に効果があるので、ぜひやってみてください。

1時間早く起きると何が起こるのか？

「プロダクティブタイム」をより活用するために、もう1つ提案したいのが、**「早起き」**です。

なぜなら、単純に1時間早く起きることができれば、活動時間が1日あたり1時間増えることになるからです。

これが1年間なら365時間増えるわけですから、**1日8時間、プロダクティブタイムがあると考えると、単純に約45日分が増える**ことになります。

「早起きが苦手」という人もいるだろうし、どうしても起きられない人もいるでしょう。ただ、**多くの成功者が早起きを実践しているのは事実**です。

僕がお世話になっている金融コンサルタントの重鎮の方が、「若い頃に多くの成功者の記事を読みあさったら、ほぼ全員早起きをしていた。だから、僕も早起きをするようにしたら成功した」と言っていました。

この早起きした時間を「プロダクティブタイム」ではなく、「アンプロダクティブタイム」に使ってもいいのですが、僕が実際に早起きをして感じるのは、**朝はとてもプロダクティブになりやすい**ということです。だから、できれば早起きしたなら、その時間は「プロダクティブタイム」に充てることをおすすめします。

とくに朝は、まだ元気ですし、邪魔も少ない。僕の場合は、毎朝5〜6時の間に起きて、少し原稿などを書いたりして、7時には近所のカフェに行くようにしています。

いまでこそ僕も早起きを推奨していますが、43歳を過ぎるまで、まったく早起きとは縁がない生活を送っていました。夜中まで酒を飲み、朝は当然遅く起きる。仕事に取りかかるのは昼過ぎから。こんな生活を独立後5年くらい続けていました。

いま思うと、よくそんな生活でどうにかなっていたなと思います。健康面もですし、経済面もです。まがりなりにも、従業員がいる立場にもかかわらず、無責任な生き方をしていたと反省しています。

早起きをしたら本を3冊出せた！

そんな僕が早起きを決意したのは、本を書きたかったからでした。それまで2冊ほど出版はしていましたが、その後の3年間は出すことができませんでした。幸いお声がけはいただいていましたが、なかなか執筆できないでいたのです。そこで「もう朝やるしかない」と一念発起。そこから早起き人生が始まりました。

その頃はまだサンフランシスコに住んでいたため、比較的スムーズに早起き生活に移行できました。サンフランシスコにいるときはアポイントがないので、自分のペースで時間を決めることができたからです。

その結果、1年間で3冊も出版できました。金融コンサルタントの方が言っていたことは本当だったなと実感しました。あなたもいまは半信半疑かもしれませんが、実際に早起きをしたら、きっと予想以上の効果を感じることでしょう。

僕は性格的にあまり後悔しないタイプですが、早起きをしてこなかったことは本当に後悔しています。20代から早起きしていれば、きっと成功者になれたんじゃないかと、いまでも思っているくらいです。

朝時間は一点集中

僕の場合は、「本を書きたい」「本を書く未来につなげたい」「未来の読者とつながりたい」という想いが強いから、基本的には朝を執筆の時間に充てています。

毎日、何文字か書き続けていれば、いつかは本にはなるんじゃないかと思いなががら、書いています。幸い、いまは出版社から出させていただいていますが、たとえ依頼がなくても書き続けるつもりです。なぜなら、僕自身が本を出し続けたいと思っているからです。

もしあなたも「早起き」を人生に取り入れるなら、**その時間にやることは、1つに絞る**といいでしょう。

先ほども書きましたが、毎日1時間早く起きれば1年で365時間です。つまり、まとまった時間が新たに誕生します。そのまとまった時間を投資に回せるのです。

ですから、**「成果が出るまでに時間はかかるけど将来の武器になるもの」**に、朝時間を充てる。わかりやすいのは、語学の勉強かもしれません。

とにかくコツコツとやらないと成果が出ないものを朝時間に充てるようにしましょう。

いかがだったでしょうか。

繰り返しになりますが、**「プロダクティブタイム」はひたすら〝時短〟に専念**します。

そして、「アンプロダクティブタイム」をたくさん生み出すのです。

これからの時代は「アンプロダクティブタイム」をたくさん持っている人が有利になっていきます。

次章では、「アンプロダクティブタイム」について書いていきます。

CHAPTER 03 まとめ

- 「アンプロダクティブタイム」を増やすために、「プロダクティブタイム」では時間のコスパを徹底的に高める。
- 使った時間に対して、どれくらいの「アンプロダクティブタイム」を生み出せたか、どれくらいの「能力」「人脈」のリターンがあったかを常に意識する。
- 1・5倍速で生きる。慣れてきたら、2倍速を目指す。
- 同時進行、隙間時間の活用、タスクのリスト化などで生産性を上げる。
- 1時間早く起きて、その時間を「プロダクティブタイム」に充てる。

←

「プロダクティブタイム」は全力で「時短」を目指す！

COLUMN

オンライン会議は10分で

■ ■ ■

テレワーク化が加速したおかげで、僕らはさらに生きやすくなったはずです。なぜなら、通勤時間がなくなり、それにより住む場所も自由になりつつあるからです。

僕の場合は最近までサンフランシスコに住んでいたこともあり、テレワークは当たり前でしたし、そもそも会社員でもないので事務所はありますが出勤は自由です。テレワークの恩恵をいままでもたくさん受けてきたわけです。ですから、日本でもテレワーク化が進むのは良いことだと思っています。ただ、テレワーク化により、「できる人」「できない人」の二極化が進むのも事実です。つまり、自己管理できる人はどんどん良くなるし、できない人は悪くなるのです。

テレワークしている時間は「プロダクティブタイム」ですから、徹底的に時短を目指します。とくに、僕がテレワークで大きく変わったのが会議だと思っています。オンライン会議がＯＫになったのはかなりの革命と言っていい。

本文でも触れましたが、オフラインの会議は「１時間」単位で設定していた人がほとんどではないでしょうか。ところが、オンライン会議は無駄話ができないので10分もあれば十分です。10分は極端かもしれませんが、長くても30分で終えることは可能でしょう。

そのためにも重要なのが事前準備です。オンライン会議で使う資料は事前に送るなど、時短するための工夫は必要です。そのほか、(途中でインターネットが切れたりしないように）ネット環境、オンライン会議システムのアップデートなども整えておきます。また、いままで以上にＰＣやスマートフォンの性能も重要になるので、なるべくそこにはお金をかけて最新のものを揃えていきましょう。

■ ■ ■

CHAPTER 04

人生を豊かにする！「アンプロダクティブタイム」とは？

人生にスペースを

いよいよここからが、本書で僕が最も伝えたかった部分です。

いま、書店に並んでいる時間に関する本は、「質」と「量」の話ばかりです。しかし、そんなストイックな人はそんなにいません。

時代遅れなのです。

この章では、僕が人生において大事だと思っている「アンプロダクティブタイム」について詳しく書いていきます。


そもそも、「アンプロダクティブタイム」とはなんなのか。

それは単純に、

「何もしない時間」

です。

僕は普段、「凡人のための人生戦略家」と言って発信をしていたりするのですが、そんな中で「無駄なことをしろ」なんて言うと「～は無駄なことですか？」と、答えを求める人が多くいます。

最近は、「答え」を求める人が本当に多いから困ってしまいますが、「アンプロダクティブタイム」には、「答え」なんかないと思ってください。まずはそこを確認しておきます。

生産性のジレンマ

どうして僕が「アンプロダクティブタイム」の重要性に気づいたかというと、僕自身がとにかく効率を求めて生きてきたからです。いま思うと、本当につまらない人間だったなと思います。

たとえば、「凡人は質より量をこなすしかない」と、人生戦略を語ったりしていました。たしかにそういう部分は大いにありますが、いまの時代には重要ではありません。むしろ害しかないかもしれません。

僕たちはただでさえストレスが多い環境に生きています。それなのに、そこにさらにプレッシャーをかけるなんて、うまくいくはずありません。昭和的な価値観を持っている人は、もう考え方を変えないといけない時期なのです。

ところで、「生産性のジレンマ」という経営用語を知っていますか。

「生産性の高い工場ほど、新たな製品のアイデアは出にくく、反対に、生産性の低い工場は新たな製品のアイデアが出やすい」傾向にあることを言います。

これは、人生も同じです。

いくら生産性を上げたところで、人生が変わることはありません。過去の延長線上の人生が加速するだけなのです。過去が強化されると言っていいかもしれません。

そもそも生産性はＡＩやロボットには勝てないので、これからの時代、追求するだけ無駄、疲れるだけです。

生産性を上げると、どんどん無駄がなくなります。当然、新しいものが入る余地はなくなります。

だから、僕は「アンプロダクティブタイム」という何もしない時間をどれだけ持つかが、非常に重要だと思っているのです。

「アンプロダクティブタイム」の6つのメリット

ここから「アンプロダクティブタイム」のメリットについて見ていきます。

―メリット1― メンタルに良い

「アンプロダクティブタイム」は「メンタルに良い」と言えます。

結局、僕らがつぶれてしまう理由は、環境です。どういう環境かというと、過度なプレッシャーのある環境です。

ここで間違えていけないのは、この「過度なプレッシャー」というのは人それぞれ違うので、自分の基準を他人に当てはめないことです。

僕も散々、これをやってきたし、きっと僕が知らないところで多くの人をつぶしてきたと思います。本当に反省しています。

もちろん、「過度なプレッシャー」が必要なときはあります。筋トレなんかもそうですが、負荷をかけないとトレーニングにはなりません。

ですから、能力を上げたいとか、いままで以上の結果を出したいと思うのであれば、当然、負荷をかける必要があります。ただ、重要なのは、そのあとのインターバルです。**休息、休むときが必要**なのです。

にもかかわらず、過度なプレッシャーをかけ続けてしまう。

いままで結果を出してきた人たちは、こういう環境に耐え抜いてきたのでしょう。耐え抜ける人が出世していきました。そして、部下になった耐えられない人たちはつぶれていくのです。

だから、僕は「アンプロダクティブタイム」の重要性を広めたいと思っています。

―メリット2―結果が出る

一体、なんのための過度なプレッシャーなのでしょうか。

それはきっとなんらかの結果のためだと思います。求める結果は人によって違うでしょう。ある人は自己成長のためかもしれませんし、ある人はお金を稼ぐためかもしれません。

だとしたら、過度なプレッシャーに意味はありません。なぜなら、結局は、

「続けたものしか結果は出ない」

からです。

僕は知らず知らずのうちにこれができていたから、結果を出すことができました。たまたま就いた編集者という仕事が面白く、「本を売るためには粘るしかない」と思うようになり、粘り続けただけです。

天才だったわけでもなく、ただ、粘り続けた結果でした。

では、なぜ僕が粘り続けることができたかというと、単純に「本作り」が面白かっただけです。本作りが好きだから、正直、儲かりもしないのにいまでも本を書いているわけです。

ベストセラーを連発していく中で、プレッシャーが増していきましたが、それでも楽しかったから続いたわけです。

僕は本当にラッキーだったと思っています。僕はたまたま面白い仕事に就けましたが、世の中の大半の人はそうじゃないはずです。だとしたら、多くの人は過度なプレッシャーをかけ続ければ、必ずつぶれます。

結果を出すために過度なプレッシャーをかけ続けるのは、本末転倒になると思いませんか。続いたものだけが結果が出るのに、過度なプレッシャーのせいで続かないなんて。

僕は編集者として10年間やり切りましたが、きっとそれ以上は続かなかったと思っています。最後の1〜2年は、いま思うと本当にストレスの限界がきていました。いつもイライラしていたし、周りに怒鳴り散らしていました。

正直、僕はメンタルは強いほうだと思っています。そんな僕ですら、やばいなって思うことが多いのが現代社会です。

だからこそ、**過度なプレッシャーを与えないためにも「アンプロダクティブタイム」が必要**なのです。

「アンプロダクティブタイム」があれば長く続けることができ、結果を出すことができるのです。

メリット3 視野が広がる

「アンプロダクティブタイム」には、とにかく何もしなくていいと思っています。生活の中に空白というか、**「余白」**を持つ感じです。そうすることで、いろいろなものが入る余地が生まれるわけです。

ふと興味が出た本を読むこともできるし、少し運動してみようかなと思うかもしれないし、もしかしたら、たまたま目にした美術館の情報が気になって行ってみるかもしれません。これらができるのは、「余白」があるからです。

もし、「余白」がなければ、「ふと」興味が湧くことはないし、そもそも脳がそういう情報をキャッチしないでしょう。

人生は偶然でできているということは前述した通りです。**どうやって数多くの偶然を人生に取り入れるかで、人生の面白さが変わってきます。「余白」は、その「偶然」をたくさんもたらしてくれます。**

「余白」があると、たくさんの情報が入り、そこに行ってみたり、それについて調べてみたりするようになり、その結果、視野がどんどん広がっていきます。

視野が広がると、「ユニーク」な人になれます。ここは重要です。

なぜなら、次章で詳しく書きますが、結局、「ユニーク」な人ほど出会いが増えるからです。

―メリット4―クリエイティブになれる

「視野が広がる」の延長線上になりますが、「アンプロダクティブタイム」が増えれば増えるほど「クリエイティブ」になれます。

前述したように、視野が広がった結果、あらゆる情報が入ってくるからです。

そもそも知識の引き出しがなければ、人はクリエイティブになれません。もちろん、生まれつきの天才は別ですが。

僕たち凡人がクリエイティブになるためには、ベースとなる知識が必要なのです。

たとえば、僕が編集者としてベストセラーを連発できた要因の1つは、音楽が好きだったことです。

10歳の頃から「アメリカントップ40」というアメリカのラジオ番組を聴いていたので、ヒット曲がどうやって生まれるのかという話をたくさん知っていました。

また、出版業界に入ってから、ミュージシャンの自伝など、音楽業界に関する本を読みあさっていました。その中から、企画の考え方、マーケティングなどを学んで、出版に活かして結果を出してきました。

このように、趣味が結果的に仕事に活かされるのです。

趣味を存分に楽しんで、クリエイティブになるためにも、「アンプロダクティブタイム」は重要なのです。

―メリット5―やりたいことが見つかる

「アンプロダクティブタイム」の最大のメリットは、「やりたいこと」が見つかることです。

もちろん、「やりたいこと」はなくてもいいです。僕を訪ねてくる人で「やりたいことがない人」は、多くの場合、圧倒的に知識が足りません。つまり、世界が狭いのです。

当たり前ですが、知っていることが少なければ、その中に「やりたいこと」がある可能性は低くなります。**世界が狭ければ、「やりたいこと」に出会う可能性も低くなるのです。**

そんな中で多くの人が「やりたいことがないといけない」と思い込み、少ない知識、狭い世界の中で無理矢理やりたいことを決めています。これって、多くの場合は、**本当にやりたいことじゃない可能性が高い**わけです。

だから、「月収１００万円にしたい」とか「海外旅行に毎月行きたい」とか「時間的な自由が欲しい」「経済的な自由が欲しい」みたいなことを言う人がやたら多いのだろうと思います。

僕は本当にやりたいことって**「何もやらなくてもいいのに、やりたくなるもの」**だと思っています。

10億円くらいのお金があって生活に一生困らない上に、何もやらなくてもいいという状況になってはじめて、やりたいことが生まれるのではないでしょうか。

「アンプロダクティブタイム」が増えれば増えるほど、いろんな情報が入ってきます。そして、体験する機会も増えます。

その結果、「やりたいこと」が見つかる可能性が高くなるのです。

メリット6 出会いが増える

次章で詳しく書きますが、最後は「出会い」で人生が決まります。「アンプロダクティブタイム」で視野を広げ、ユニークな存在になれば、いろいろな人に誘われるようになるはずです。

ところが、もし時間がなかったらどうでしょうか。せっかく誘われても行くことができません。

そうならないためにも、「アンプロダクティブタイム」をたくさん持つようにするのです。「アンプロダクティブタイム」を増やすことで、圧倒的に出会いが増えます。たとえば、僕の場合は、平日土日、朝夜かまわず、呼ばれれば行きます。もちろん、楽しそうならですが。

ここでは、「アンプロダクティブタイム」の6つのメリットを挙げました。

このほかにも、家族を大切にする人であれば、子どもとの時間を多く持てたり、学校行事に参加しやすくなったりもします。

「アンプロダクティブタイム」を持つメリットは、驚くほど多くあります。

「時間の使い方」の話をしようとすると、どうしても「プロダクティブタイム」のことばかりになりがちですが、**「アンプロダクティブタイム」こそが人生を豊かにしてくれる**のです。

真面目は何も生まない

このように、「アンプロダクティブタイム」の可能性は計り知れません。

でも、これだけメリットを伝えても、真面目な人ほど「何もしない」と言うと、ゾワゾワしてしまいます。きっと、真面目ゆえに「何かやらなければ」という想いが湧いてきてしまうのでしょう。

とくに、インターネットが発達し、スマートフォンが普及した現在、僕たちは朝起きてから寝るまでの間、ずっとなんらかのタスクをやっている状態にいます。

そんな僕も以前は、四六時中スマートフォンを握っていて、部下やビジネスパートナーからのメッセージにすぐ反応していました。

僕は『ＧＩＧ ＷＯＲＫ（ギグワーク）』（すばる舎）という本を書いていますが、ギグエコノミーになってくると、誰もが「いつでもどこでも仕事ができる」環境になります。

すると、たとえば、普段の仕事の合間にギグワークを入れていくなど、かつての僕みたいに無理をしてしまう人が増えていきます。

ただ、こんな生活は多くの人にとっては続かないでしょうし、メンタルがおかしくなってしまいます。

生産性にこだわればこだわるほど、人は疲弊していき、どんどん視野が狭くなっていきます。

食べていくために、そういう時間が必要なのも事実です。

だからこそ、僕は「プロダクティブタイム」と「アンプロダクティブタイム」に分けるように言っているのです。

オランダ人は大人

どちらか一方だけでも人生はおかしくなります。

よほど才能がなければ「アンプロダクティブタイム」だけで食べていくのは厳しいはずです。なんでもバランスが重要ですが、僕がはっきりしておきたいのは、

「アンプロダクティブタイム」のために「プロダクティブタイム」を活用する

ということ。

つまり、**「アンプロダクティブタイム」をメインにおく**のです。

よく海外のリゾート地で外国人たちは長期間、何をするわけでもなくホテルに滞在していたりします。ビーチで読書をするために来ているような人も見かけます。

一方、日本人は観光に忙しそうにしているという光景を目の当たりにします。

僕たちは「真面目」が良いことと教育を受けていたから、何もしないで休むことに罪悪感があるのかもしれません。

休むことに対する罪悪感でいうと、有給休暇なんかも同じです。ほとんどの日本の会社では有給休暇が取りづらい雰囲気になっています。

先日、オランダのビジネスパートナーからこんな話を聞きました。

「飛行機のチェックインカウンターで、多くの人が便に乗り遅れそうなくらい並んでいた。ところが受付の女性が帰り支度を始めても、誰一人文句を言わなかったんだ」

オランダの人たちは、仕事を終えて帰るのはその女性の権利だからと、誰一人怒らなかったというのです。

日本なら、というか僕なら、自分が飛行機に乗り遅れそうなら焦って、クレームをつけていると思います。

救急車で運ばれてわかったこと

僕自身も「休む」ということに罪悪感を抱くほうでした。「休んでいる間に置いていかれるのではないか」「もっとやれることがあるのではないか」といった気持ちが強かったからです。編集者時代は、「ベストセラーを出し続けなければいけない」と勝手に思っていました。

だから、24時間365日ずっと仕事のことばかり考えてきました。逆に不安だったから、「こんなにやっているんだから結果が出ないわけない！」って思い込みたかったのかもしれません。

独立する前はきっと悲壮感すら漂っていたはずです。いまでもよく言われます。出版社を退職したときの表情が、在職時とはまったく変わっていたと。

そんな考えが変わったのは、独立して2年目に救急車で運ばれ、入院したときです。

病気は僕が盲腸の痛みを無視し続けた結果、腹膜炎になってしまったという間抜けなものでしたが、人生初の入院。しかも、40日間。長いか短いかわかりませんが、それまで10年以上走り続けた僕にとっては、久々に立ち止まった時間でした。

「損するつもり」で生きる

そのときに思ったのは、僕たちは圧倒的に恵まれているなということです。

よく自分の生まれてきた環境や不運を嘆く人がいますが、日本に生まれてきただけでも世界的に見れば恵まれています。

世界を見渡せば、学校に行けない子もいれば、生まれたときから職業を決められている子、結婚相手を選べない子など、さまざまな状況の中でまったく選択肢がない環境に生きている子が多くいます。

それに比べれば、僕たちが恵まれているのは明らかです。もちろん、悲惨な環境で育った人もいるでしょう。ただ、それを嘆いても仕方がない。切り替えて、未来に向かっていくしかありません。

僕たちは十分に恵まれているにもかかわらず、「もっともっと」という社会の中で、いつのまにか**「生産的であることが善」であるかのように洗脳されている**のです。

現在、それが究極のレベルまできていて、多くの人のメンタルが壊れる現象がいたるところで見られるようになっています。

そこで僕が思ったのが、**「損するつもりで生きる」**というものでした。

なぜなら、多くの人が「得したい」「損したくない」という気持ちで生きているからです。だからこそ、その逆の姿勢で生きるだけで、多くの人と違う視点を持ったり、違う行動ができるようになるのです。

「生産性のジレンマ」でも書いたように、いまの時代、**非生産的に生きたほうがいい**のです。

「お前、何やってんの？」って思われるくらい**「ユニーク」な存在を目指す**のです。

これからはユニークな人しか人脈も広がらないし、最終的にはお金もついてこないでしょう。

「アンプロダクティブタイム」では、とことん損するつもりでいきましょう。

「アンプロダクティブタイム」にチャンスがやってくる！

この章の最後に、僕が**「チャンスの法則」**と呼んでいるものを紹介します。

それは、

ギブ―テイク＝チャンス

というものです。

「損しよう」と言われても多くの人が、なかなか理解できないと思います。どうしても、「損したくない」という意識が強くなるからです。

そもそも僕たちの人生はテイクしまくりです。いま、こうやって部屋で原稿が書けるのも、パソコンを開発してくれた人がいるからだし、建物を建ててくれた人がいるからです。

また、僕に本を書かせてくれる出版社の人、いま読んでくれているあなたがいるから、本として成立しています。

そんなことを考え始めたら、すべてが誰かのおかげです。つまり、僕たちは、**生きているだけでテイクしまくり**な状態なのです。

テイクしている量を考えたら、ギブが上回ることはなかなか難しい。だからこそ「損するくらい」の勢いでギブしていいのです。

そうするとチャンスが来るというのが、僕が提唱する「チャンスの法則」です。

つまり、**「テイク以上のギブをしたときに、チャンスがくる」**ということ。

こう考えれば、どんな人でもギブしまくれるんじゃないかなと思っています。

「ギブ－テイク＝チャンス」という気持ちで生きていくと、人生は間違いなく良い方向に広がっていきます。

CHAPTER 04 まとめ

- ☑「アンプロダクティブタイム」とは何もしない時間のこと。
- ☑生産性をいくら上げても人生が変わることはない。
- ☑「アンプロダクティブタイム」は、メンタルに良い、結果が出る、視野が広がる、クリエイティブになれる、やりたいことが見つかる、出会いが増えるなどのメリットだらけ。
- ☑テイク以上のギブをしたときに、チャンスが訪れる。

←

「アンプロダクティブタイム」を人生のメインにおく！

COLUMN

人生に意味はない？

■ ■ ■

人生に意味を見出そうとする人がいますが、あまり意味はありません。むしろ、人生に意味なんてないと思ったほうがいいのです。

ナチスによる強制収容所の体験を書き、全世界に衝撃を与えた『夜と霧』（池田香代子訳、みすず書房）という名著があります。その著者であるヴィクトール・エミール・フランクルが書いた『それでも人生にイエスと言う』（山田邦男／松田美佳訳、春秋社）の中に、

「私たちが『生きる意味があるか』と問うのは、はじめから誤っているのです。つまり、私たちは、生きる意味を問うてはならないのです。人生こそが問いを出し私たちに問いを提起しているからです。私たちは問われている存在なのです。私たちは、人生がたえずそのときそのときに出す問い、『人生の問い』に答えなければならない、答えを出さなければならない存在なのです。生きること自体、問われていることにほかなりません。私たちが生きていくことは答えることにほかなりません。そしてそれは、生きていることに責任を担うことです」

とあるように、僕も意味を問うことは無意味だと思うのです。本書でも書いているように、人生は偶然の連続です。良いことも悪いことも起きます。自然災害なんかは防ぎようがありません。それをどんなに嘆いても何も起きません。それよりもフランクルの言うように、「お前はどう答えるのだ？」と人生に問われていると思ったほうがいい。なぜなら、行動につながるからです。

生きていれば誰でも「なんで、私ばかり」って思うことが起こります。そのときに、人生の問いに答えるという姿勢で生きるほうが間違いなく人生は良い方向に進みます。

■ ■ ■

CHAPTER 05

コミュニケーションコストを下げて「人間関係」を良くする！

「アンプロダクティブタイム」は出会いを増やす

前章で、「アンプロダクティブタイム」のメリットについて書きました。

その最後に、「アンプロダクティブタイムは出会いを増やす」と書きましたが、この章ではその具体的な方法を書いていきます。

何度も書きますが、**「アンプロダクティブタイム」を増やすことが、最終的に人生を豊かにします。**

もう朝から晩までバリバリ活動するのは古いのです。

インターネット、スマートフォンの発達によって、僕たちは24時間ネットにつながりっぱなし、場合によってはいつでも働けるようになってしまいました。生産性を上げるという意味では、良かったのかもしれません。

ただし、**生産性と豊かさは比例しません。**どんなに生産性を上げても、「もっともっと」と、際限が見えなくなるだけです。

だから、**なるべく「プロダクティブタイム」を、生産性を上げることで短時間にして、「アンプロダクティブタイム」を増やすべき**なのです。

僕たちはロボットではありません。もう生産性の奴隷から抜け出しましょう。

人脈が最強な理由

前述したように、「アンプロダクティブタイム」が増えることで「ユニーク」「クリエイティブ」が手に入り、いろんな人から誘われるようになります。また、いつ誘われても駆けつけることができるので、「チャンス」が増えます。結果的に「人脈」が増えることになるのです。

この本の冒頭で、「時間」「能力」「人脈」「お金」の4つのトータルの資産を増やそうと書きましたが、この中で**最も強力な資産が「人脈」**です。

なぜ、「人脈」が最強なのか。

それは、**「人脈」という資産が最大化すれば、他の3つの資産をカバーできてしまうからです。**

「人脈」があれば、時間のある人に頼めば「時間」が、お金のある人と組めば「お金」が、能力のある人と組めば「能力」が手に入ります。

極端な話ではありますが、**「人脈」だけあれば人生はかなりうまくいきます。**

ですから、最終的には「人脈」を手に入れてほしいと思っています。

どんなに「アンプロダクティブタイム」を増やしたところで、他人と絡めなければ、「能力」も「お金」も最大化はできません。

所詮、一人の力からは抜け出せないからです。この世で一人でできることなんて、たかが知れています。

ただ、「人脈」という最強の資産を築くときにも、**「時間」の使い方は重要**になります。なぜなら、成功している人物ほど時間を大切にしているからです。

そういう人は、忙しいから時間を重視しています。そもそも時間を大切にしているから成功しているのではないかとすら思います。

相手の時間を大切にする

なぜ、「時間」と「人脈」が関係するのでしょうか。

理由は簡単です。人間関係において重要なのが**「信用」**だからです。

信用される人とは、**時間を守る人であり、気遣いのできる人**です。

僕は仕事柄いろいろな人と関わっていますが、人脈がある人は「他人の時間」を大切にしています。そして、そういう人は間違いなく仕事ができます。

一方、その逆の人たちもいます。他人の時間をなんとも思っていない人たちです。

当然、そういう人たちは人脈もないし、仕事もできません。

僕は若者を指導するときに、まずは「即レスしろ」と伝えています。すぐに返信しようという意味です。相手が何かを伝えたときにすぐに返信できれば、相手が返信を待つ時間を最少にできます。

ところが、なかなか返信がこないと、相手はちゃんと届いているのか、いつ返信がくるのかとやきもきすることになります。

さらに、返信次第で次に進むようなものの場合は、進行自体がどんどん後ろにずれていくことになります。その分、相手の時間を奪うことになります。

ところが、「即レス」ということな簡単なことですら、多くの人ができないのを目の当たりにしてきました。

それくらい「他人の時間」を大切に思えていない人が多いのです。

アポイントの取り方でばれる

「他人の時間」を大切にできるかは、アポイントの取り方だけでもわかってしまいます。

たとえば、「他人の時間」を大切にできる人は、打ち合わせ場所を送るときに場所の名前、住所、最寄駅からの時間、一番近い最寄駅の出口、地図のリンクを送ります。

ところが、場所の名前とリンクだけを送る人も多い。住所だけの場合の人もいます。

お店を予約している場合は、予約名を伝えるのも当たり前です。こんなことすらできない人が大半です。

情報が少ないと、相手は自分で最寄駅を調べたりする必要が出てきます。場合によっては、「最寄駅はどこですか？」とメールせざるを得ないかもしれません。そこでさらに、あなたからの返信を待っていたら、時間はかなり取られてしまうでしょう。そこまで想像できるかどうか。

「他人の時間」を大切にする。

この当たり前のことができれば、「信用」が手に入るでしょう。

時間は人生そのものだとお話ししました。**時間を大切にすることは、人生を大切にすることと同じ**なのです。

つまり、「相手の時間」を大切にするというのは、**「相手の人生」を大切に思えているかどうか**につながります。

誰だって、自分の人生を大切に思ってくれる人に好感を持つものです。

気遣いとはコミュニケーションコストが低いこと

よく「気遣い」の重要性が本に書いてあったりします。結局、気遣いというのは**相手に無駄な時間や手間を取らせないこと**なのです。

人間関係においてこの感覚を意識していない人が多い。僕は人間関係にもコストがあると思っていて、これを**「コミュニケーションコスト」**と呼ぶようにしています。当然ながらコミュニケーションコストが高い人は嫌がられます。

コミュニケーションコストが高い人というのは簡単に言うと、「なかなか伝わらない人」です。懇切丁寧に説明してもらわないと理解できない人は、コストが高いとみなされます。

一方、何も言わなくても伝わる人もいます。相手が何を求めているか理解して、言われる前にやってしまうような人です。こういう人はコミュニケーションコストが低くて優秀な人ということになります。

誰だってコミュニケーションコストが高い人よりは低い人と一緒にいたいはずです。必然的にコストが低い人は引く手数多になっていきます。その結果、どんどんチャンスが増えていきます。

どうでしょうか。いままでのコミュニケーションを振り返ってみて、あなたのコミュニケーションコストは高いでしょうか、低いでしょうか。

もしあなたが言われなくても行動できて、それである程度結果を出せているなら、コミュニケーションコストは低いと言えます。

逆に、もしいちいち物事を細かく言われているようであれば、相当コストが高いと判断したほうがいいかもしれません。

コミュニケーションコストを下げる3つの方法

コミュニケーションコストが高い人が人生でうまくいくことはないと思ったほうが

いいでしょう。周りの人から「面倒くさい」「使えない」と思われてしまうからです。

そこで、コミュニケーションコストを下げるための方法を紹介します。

1 即レスを心がけよう！

先ほども書きましたが、「即レス」は重要です。

コミュニケーションコストを下げるには、これを徹底的に習慣化することから始まると言っていいかもしれません。できない人がいること自体が不思議ですが、意外とできない人が多くいます。

これは、完全に即レスする気があるかないかだけの問題です。ただ、なかなかやろうとしてもできません。普段から反応できるようにしている必要があるからです。

あまり「即レス」を強要するとメンタルに支障が出てくる人もいるようです。

それを避ける意味でも、**まずは1週間でいいので、「即レス」することを心がけてみます。**期間を決めることで精神的に追い詰められることなく、とくに意識しなくても早く反応できるようになります。

2 リマインドをしよう！

必ずリマインドを送る習慣を持つようにします。

リマインドとは確認のことです。アポイントがあった場合に、前日、もしくは当日の朝にリマインドをメールなどで送ります。そのときに、**アポイント場所の確認と同時に、緊急連絡先として携帯電話の番号も載せておきます。**

親切なリマインドがくると、アポイント相手がいちいち以前のメールを見返したりする必要がなくなります。相手が比較的ルーズな場合は、感謝されます。

また、相手が気遣いができる場合は、あなたのリマインドに対して「よく気づく人だな」と感心するはずです。

3 前倒しを意識する！

スケジュールの前倒しも意識します。

僕たちは無意識にスケジュールを先延ばしにする癖があります。これは全員です。

しかも、無意識なので、意識していかないとどんどん先延ばし癖が強化されていきます。

ですから、スケジュールをどんどん前倒しでこなしていくようにするだけで、結果がまったく変わってきます。また、周りの人もあなたといることで、物事がどんどん進んでいくので安心します。

信頼は、相手に安心を与えることでもあります。人は不安を感じると、相手のいろんなところが気になってしまいます。すると当然、その分、コミュニケーションコストが高くなっていきます。

スケジュールの前倒しで信頼を得ることでも、コミュニケーションコストを下げることができるのです。

以上を意識していくことで、コミュニケーションコストが低い人になることができます。なぜなら、相手から「どうなってるの？」と確認される前に動いて、報告できるようになるからです。

相手からしたら、こんな楽な相手はいません。「言わなくても勝手にやってくれている人」ほど重宝される存在はいないのです。

紹介される人になる3つのステップ

コミュニケーションコストを下げただけでは人脈はできません。また、人脈を作るために「人に会いまくる」という人がいますが、これほど時間の無駄になることはありません。

何度も書いているように、人脈は作るものではないからです。人脈はいつのまにかできるもの。つまり、そこで重要になってくるのが、**いかに紹介される人になれるか**なのです。

そこで、紹介される人になるための3つのステップを教えます。

―ステップ1―困りごとを聞いてみる

仕事などで関係を築いていくときに重要なのが、**「役立つ」存在として認知されること**です。

お金に関わるような実益でなくても構いません。たとえば、「一緒にいるだけで楽しい」などでもいいのです。とにかく、「役立つ」存在になる必要があります。

何が役立つことになるかは、相手によって違います。まずはそれを教えてもらう必要があります。会話の中で、自分が役立てそうな部分がないか探します。なければ、困っていることがないか、直接聞いてみます。

僕なら、「僕は～ができます。こういうことならお手伝いできます」みたいな言い方で提案します。やらせてもらえれば、それがチャンスになるわけです。

ここで注意しないといけないのは、**お金などの対価を要求しないこと**です。あくまでもチャンスをもらっただけ。また、無償だからこそ、チャンスがもらえるのです。そこを勘違いしないようにしましょう。

一ステップ2一お願いされる

ステップ1で「役立つ存在」になれたら、次に「お願いされる」存在を目指します。お願いされたら、あとは必死になって結果を出すのみです。お願いされたことで結果を出すのです。

そのときに重要なのが、**報告**です。相手に「どうなってるかな」と思わせる前に、都度、報告をする。**相手が思う前に行動することで、相手の時間や感情を奪わないですむ**からです。

もちろん、必死にやって結果が出ないこともあります。結果というのは、タイミングがすべてだったりするからです。ただ、僕の経験上、結果が出なくても必死にやっていれば、次のチャンスはもらえます。

―ステップ3―紹介される

ステップ2で結果を出せば、信頼関係が生まれます。すると、紹介されることが多くなります。

もし紹介されないのであれば、それは信頼されていない証拠と言ってもいいでしょう。めげずに、ステップ2に立ち返って必死に動くしかありません。

いかがでしょうか。紹介される人になるには、この3つのステップを意識してみてください。紹介されるようになると、「人脈」は自然と広がっていきます。

とはいえ、**紹介されるのは信頼される人**であるという前提は忘れないようにしましょう。

どんなに役立つことをしても、そのほかの面で信頼されない行動をしては意味がありません。とくに、**「時間を守る」「清潔な格好」「挨拶ができる」**は忘れずに。

「信頼できる人」に紹介するのは、自分が「信頼できる人」だけです。大切な人を紹介するのに遅刻をするような人では、二度と紹介してもらえなくなります。

紹介しても安心だと思わせることが大前提なのは、言うまでもありません。

誘われる人になれ

具体的に「○○さんを紹介したい」と言われて紹介されることは、現実には少ないかもしれません。

たとえば、僕が出版社にいたときは、「本を出したい人がいるから会ってほしい」という紹介が多くありました。ただ、日常でこういうケースはあまりないでしょう。

よくあるのは、イベントや飲み会などで紹介されるケースかもしれません。

そう考えると、**紹介される人になるには、「誘われやすい人」であること**も重要です。もちろん、すべての誘いに応じる必要はありませんが、「誘われたら毎回行く」くらいの姿勢は必要です。

そのためにも、やはり「アンプロダクティブタイム」は増やしておく必要があるのです。

僕の友人のトップ営業は、「いま、どこにいる？」と聞かれたら、必ず「近くにいます」と答えると言います。相手がどこにいるかを言う前に「近くにいます」と言うのですから、かわいがられるに決まっています。だから、彼はトップ営業になれるのです。

「誘われやすい人」になることで紹介される可能性が圧倒的に増えるのであれば、なるべく声をかけやすい人を目指すべきです。

僕が考える「誘われやすい人」の３つの特徴を挙げておきます。

特徴1　叱られやすい

「何を言っても大丈夫」なくらいの、打たれ強さがあるほうがいいです。繊細さがあると、いちいち気を遣わないといけなく、面倒だと思われてしまいます。気軽に誘われるには、**どれだけ相手に気を遣わせないか**が重要です。

叱られやすいというのは、実はすごく得な性格です。それだけ教えてもらえるチャンスも多いはずです。

とくに昨今は、パワハラなどと言われることが多いので、遠慮している人が多くいます。その中で叱られるというのは、ラッキーと思ってもいいでしょう。

特徴2　礼儀正しい

やはり、礼儀がなっていない人は紹介されません。誰だって無礼な人を自分の大切な人に会わせるようなことはしません。

繰り返しになりますが、最低限のマナーは徹底しましょう。

特徴3　近くに住んでいる

なんだかんだ言っても、遠くに住んでいる人は誘いづらいものです。どんなに遠くても、1時間以内でどこでも行けるくらいの距離に住むのが理想です。

たとえば、東京での仕事がメインなら23区内に住むほうが誘われやすくなります。

1時間以上かかる場所に住んでいる場合は、会社やホテルに泊まるくらいの気持ちで普段から生活するのもいいかもしれません。

紹介される人は紹介する人

紹介される人になったら、もう人生は勝ちモードに入ったと思っていいでしょう。

もちろん、油断すれば簡単に転げ落ちるのも人生です。

ここまで来たら、次にやることは明確です。それは、**自分自身が紹介する人になっていく**のです。

僕の友人で、とても人脈が広い方がいます。彼は「紹介テロリスト」と言われるくらい人を紹介しています。しかも、ちゃんと紹介する人たちの特性を考えて、待ち合わせ時間の前に片方の人に会っておいたり、紹介するシチュエーションを入念に考えておいたりするのです。

そんな彼だから、安心しかありません。彼に紹介される人は間違いないと、お互い思えるわけです。

彼のようにはいかないまでも、**「紹介される人」から「紹介する人」へ変わることで、さらに紹介される**ことが増えていくのです。

「紹介される人」になり人脈がどんどん広がっていくと、「時間」「お金」「能力」といった資産も自動的に増えていきます。

簡単に言えば、能力の高い人たちと組めるようになるわけですから、売上が増える、お金が増える、人に任せることで時間も増える、能力が高い人と組むから能力も増える、という好循環が生まれます。

僕は早くこの状態になることを目指すべきだと思っています。

人によっては、お金を増やすために、一生懸命貯金をしたり、お金の勉強をしたりするかもしれませんし、能力をアップさせるために、学校に通うかもしれません。しかし、その結果、どのレベルまでいけるかは保証できません。

紹介が最速である理由

たとえば、その道30年みたいなプロには一生かかっても敵いません。だったら、その人と組んだほうが早い。それなら一瞬とは言わないまでも、自分で経験を積むよりもはるかに早くその能力を手に入れられます。

僕の場合は、完全にそのやり方で仕事をしています。

とにかく僕の基本戦略は、**「優れた人と組む」**ということ。その瞬間、成功が約束されていると言えるからです。

あとは、その人が気持ち良く仕事をしてくれるように、環境を整えることに専念します。

結局、**人脈が最強の「時短」**なのです。完全なるショートカットと言ってもいいでしょう。

僕たち凡人が人生を豊かにするための唯一のものが人脈なのです。だから、僕は「時間」をすべて「出会い」に投資するくらいでいいと思っています。

そのためにも、一緒にいて楽、一緒にいて安心と思われるように、コミュニケーションコストを徹底的に下げる努力をしていきましょう。

CHAPTER 05 まとめ

- 「時間」「能力」「人脈」「お金」のうち、最も強力な資産は「人脈」である。
- 人間関係において重要なのは「信用」。時間を守り、気遣いのできる人＝相手の時間を大切にする人が、信用を得る。
- コミュニケーションコストを下げることが、相手への最大の気遣い。
- 即レス、リマインド、前倒しでコミュニケーションコストを下げる。
- 紹介される人になることが、「人脈」ができる近道。

←

「人脈」は最強の「時短」の手段！

COLUMN

「やらない理由」と「ドリームキラー」

■ ■ ■

新しいことをやろうとすると、僕たちの脳は「やらない理由」を創造し始めます。脳は生存本能が強いので、変化を恐れるからです。ですから、基本は「現状維持」を望みます。不安や恐怖という感情が湧くのは、僕たちに変化させないためなのです。

ここで注意が必要なのは、脳が創造する「やらない理由」はもっともらしいものだということ。突拍子もない理由ではなく、論理的に考えても正しいような「素晴らしい理由」を思いつくのです。そのため、多くの人が行動を止めてしまいます。

さらに、あなたの行動を止めるものに、「ドリームキラー」がいます。あなたが「新しいこと」を選択しようとしたり選択すると、周りの人から高い確率で反対に遭います。これが「ドリームキラー」です。

ここで気をつけたいのが、家族、恋人、親友といった身近な人ほど「ドリームキラー」になるということ。少し意外に思われるかもしれませんが、あなたのことを考えてくれている人ほどそうなります。これは「ドリームキラーの脳」も現状維持を望むからです。彼らの脳も、身近な存在に未知なものを選ばれることで現状維持を脅かされると判断するのです。

「脳が現状維持を望むこと」「身近からドリームキラーが出現すること」の2つは、新しいことを選ぶとき、すなわち未来へ向けて生きるときに頭に入れておきましょう。

この2つに対処する方法は簡単で、「無視する」しかありません。自分の脳が創造した「やらない理由」についても、「脳がまた言っている」くらいの感覚で対応しましょう。

■ ■ ■

CHAPTER 06

人生100年時代の「人生デザイン」の授業

時代遅れの教えを信じ続けますか

この章では、**人生をデザインすること**について書いていきます。時間の使い方を考えることは結局、自分の人生をどうデザインしたいかに行き着くからです。

とくに「人生100年時代」になったことで、僕らがこれまでに教えてきてもらったことがまったく現実に当てはまらなくなっています。つまり、考え方を変えないと、**時代遅れの生き方をいつまでも続けてしまうことになる**のです。

これはあまりにも危険すぎます。

これからの人生は長い。ここが意外とわかっているようでわかっていない人が多いと思います。

そもそも僕たちは、人生70～80年を前提とした社会の中で生きてきました。僕たちは小さい頃から、良い学校に入って、良い会社に入って、良い家族を作って、同じ会社で働き、60歳で定年を迎えて、死を迎える。

その過程で、子どもを育て、また同じ人生を歩む人間を再生産するように洗脳されてきました。いまだに教育も含めて、社会がそのような前提でできています。

ところが、「人生100年時代」と言われるように、僕たちは100歳くらいまで生きてしまいます。人生70~80年前提で物事を考えていたら、将来がおかしくなるに決まっています。

人生100年時代にどう生きるか

僕はいま46歳です。いわゆる団塊ジュニアと言われるベビーブーマー世代です。最近だと、就職氷河期世代なんて言われるみたいです。

僕らが大学生の頃にはすでにバブル経済が崩壊しており、就職もまともにできない人がたくさんいました。就職活動らしいことはしませんでしたが、僕もその中の一人です。

でも、就職できなくて良かったと思っています。もし、就職できていたとしたら、きっと今頃はリストラ対象だったからです。実際、僕の世代がいま、リストラの標的にされています。

人数が多いから仕方ありません。それなりに歳もとっていて、給料も高いからでしょう。僕と違って優秀で大企業に就職した人たちが、いまそういう状況なのです。

『ＬＩＦＥ ＳＨＩＦＴ―１００年時代の人生戦略―』（リンダ・グラットン／アンドリュー・スコット著、池村千秋訳、東洋経済新報社）という世界的なベストセラーの中に、人生１００年時代はエクスプローラー、インディペンデント・プロデューサー、ポートフォリオ・ワーカーの順序で生きるべきだと書いてあります。本当にそう思います。

真面目で優秀な人たちは１つの企業で働いてきただけです。当然、人生１００年時代に対応できていません。

ところが、僕は20代にブラブラしていろんな経験をしてきました。まさに、エクスプローラーでした。

そして、いまはいろんなプロジェクトに関わっているインディペンデント・プロデューサーです。

「やりたいこと」がなくて良かった

まさに僕は20年以上前から、人生100年時代に対応している生き方をしていたわけです。ただ、これはたまたまです。

僕自身もいつも不思議に思っていたわけです。僕みたいな大して能力もない、魅力もない人間が、それなりに楽しい人生を送ってこられたことを。本を書かせてもらうことも、海外に住んだりできたことも、尊敬できる人たちと仕事ができることも。

こういったことが『LIFE SHIFT』を読んで、すべて合点がいったのです。僕は無意識的に時代に合った生き方をしていただけだったのです。

そこで重要なのが、僕には**「やりたいこと」がなかったということ。**長年にわたって「やりたいこと」なんかないし、もはやわざわざ作ろうとも思いません。

もし、仮に僕に「やりたいこと」があったら、時代に合った生き方はできなかったはずです。「やりたいこと」にこだわってしまって、時代の流れを感じることもできなかったでしょう。

「やりたいこと」がなかったから、なんとなく時代の流れに乗れたのです。しかも、今後もその傾向はさらに強まっていくと思っているので、なおさら「やりたいこと」に固執しないほうが良いとすら思っています。

人生100年時代の2つの変化

「やりたいこと」がないほうがいい理由は2つあります。

1つは、**「人生で職業を複数経験することになるから」**です。

100年生きるわけですから、60歳で定年というわけにはいきません。日本の年金制度が崩壊寸前なのはわかりきっていますし、少子高齢化は世界一早く進んでいます。つまり、60歳以降もなるべく長く働くことが重要になるのです。

そして、目まぐるしい時代の変化の中で、必要とされる職業がどんどん入れ替わるので、一生の中でいくつもの職業に就かざるを得なくなります。

2つ目の理由は、**「現存している職業が消え、新しい職業が生まれるから」**です。将来就く職業が現時点で存在していない可能性も大いにあります。

将来、現在では想像もつかないような職業に就いているかもしれない。そうなると、「なりたい職業」というものが成立しづらくなります。ある職業に就くために学校で学んでも、卒業する頃にはその職業がないなんてことが起きるのです。

職業はどんどん消えていく

実際、僕は出版業界に入り、職業が消えていくのを目の当たりにしました。

僕が出版業界に入った当時は、DTP（デスクトップパブリッシング）が普及しきる直前の時期でした。

それまでは写植《しゃしょく》というアナログな方法で印刷用のフィルムを作っていたのです。ところがパソコンの普及とともにDTPに主流が移っていきました。当然、写植屋さんと言われていた人たちはいなくなりました。

テクノロジーによって職種がなくなり、新たなものに取って代わられるのは以前からあったのです。それがより加速していくのが、これからの時代なのです。

だから、**「何かを目指すのはナンセンス」**なのです。

数年後にはその職業がなくなっている可能性がある中で、特定のものを目指すことに意味がありません。むしろ、「やりたいこと」がないほうが、柔軟に時代に対応できるのです。

もちろん、そんなの関係なく「これがやりたい」というのがあるなら、それは素晴らしいことですし、大いにやってもらって構いません。僕が言っているのは、あくまでも「やりたいこと」がない人向けだということを忘れずに。

目指すべきライフスタイルを決める

ただし、「やりたいこと」がなかったとしても、目指すべきライフスタイルはあったほうがいいと思っています。

目指すべきライフスタイルを決めることはそのまま、人生をデザインすることにつながります。

なんとなくだとしても、人生、どっちの方向に行きたいかは決めておいたほうがいいからです。もちろん、現時点ではっきりなくても構いません。その場合は、なんとなくでもいいから方向性を決めておきます。

ここでも注意が必要で、「どう生きたいか?」と聞くと、やりたいことがない人ほど「経済的自由、時間的自由がある生活」みたいなことを言います。

詐欺師たちがよく使う「好きな時間に、好きなことを、好きな場所で、好きな人と」みたいなキャッチコピーのようになりがちです。

たしかにそういう人生は理想かもしれませんが、ライフスタイルというのはその先の話です。**仮にそんな自由があったら、どんな生活をしたいか**ということです。

意外とこれを言える人がいません。だから僕は、「アンプロダクティブタイム」が重要だと書いたのです。「アンプロダクティブタイム」を多く持つことで、いろんな価値観に触れることができるからです。

西海岸に憧れて

僕の場合は、**「どんなところに住みたいか」「どんな服を着たいか」**から決めていきます。

たとえば、僕はアメリカ西海岸のブランド「ジェームス・パース」の世界観が好きで、彼の服をよく買います。このブランドは最近では服だけでなく、インテリア、建築まで手がけていて、まさに僕の理想を描いてくれています。

２０１８年に僕の好きなバンドであるグレイトフル・デッドとのコラボレーションアイテムを出したり、僕にはドンピシャなセンスなのです。

憧れる人がどんな格好をしているかを知ったり、好きな格好をしている人のインスタなんかをフォローするといいかもしれません。なんとなくイメージが広がるからです。

僕は、やや年上のミュージシャンなんかを参考にしています。たとえば、ポール・

ウェラーというミュージシャンはオシャレだなと思って、インスタをフォローしています。

さらに僕はどんなところに住みたいかも重要だと思っています。住居というのは、大半の時間を過ごすところだからです。

日頃から、世界中の不動産を扱うサイトを見たり、インテリア雑誌を見たり、インテリアブランドのインスタをフォローしたり、ホテルを検索したりしています。そんな中から、「こういうところに住んでみたい」という人生の方向性が見えてくるのです。

人生100年時代のバランスホイール

人生の方向性がなんとなくイメージできたとしても、具体的な行動にまで落とし込まないと、人生はなかなか変わりません。なんとなくで行動できるほど、僕たちの意思は強くないからです。

そこで、人生をデザインするための次の作業として、バランスホイールを作ることをおすすめします。

バランスホイールとは、**人生に8つのゴールを設定するフレームワーク**です。

よく言われることですが、人はお金だけあっても幸せにはなれません。何か1つだけが満たされても、人生で幸福感を得ることはできないのです。

たとえば、お金だけにフォーカスした人生を送ると、お金目的の人たちが集まってきます。

一方、お金と社会貢献の両方のゴールを設定していれば、お金も持っているけど志も持っている人たちが集まってきます。そうすると、結果的に新たなビジネスパートナーが見つかり、さらにお金を稼げるようになっていったりするのです。こうやって経済的にも、精神的にも満足できる環境を作っていくことができるのです。

だから、仕事、お金、プライベートなど8つの分野のゴールを持つことで、バランスの良い人生を作っていくことが大切です。

では、具体的にどのようにバランスホイールを作っていけばいいのか。

僕の場合は、次の8つのゴールを設定しています（左ページ参照）。

バランスホイール例

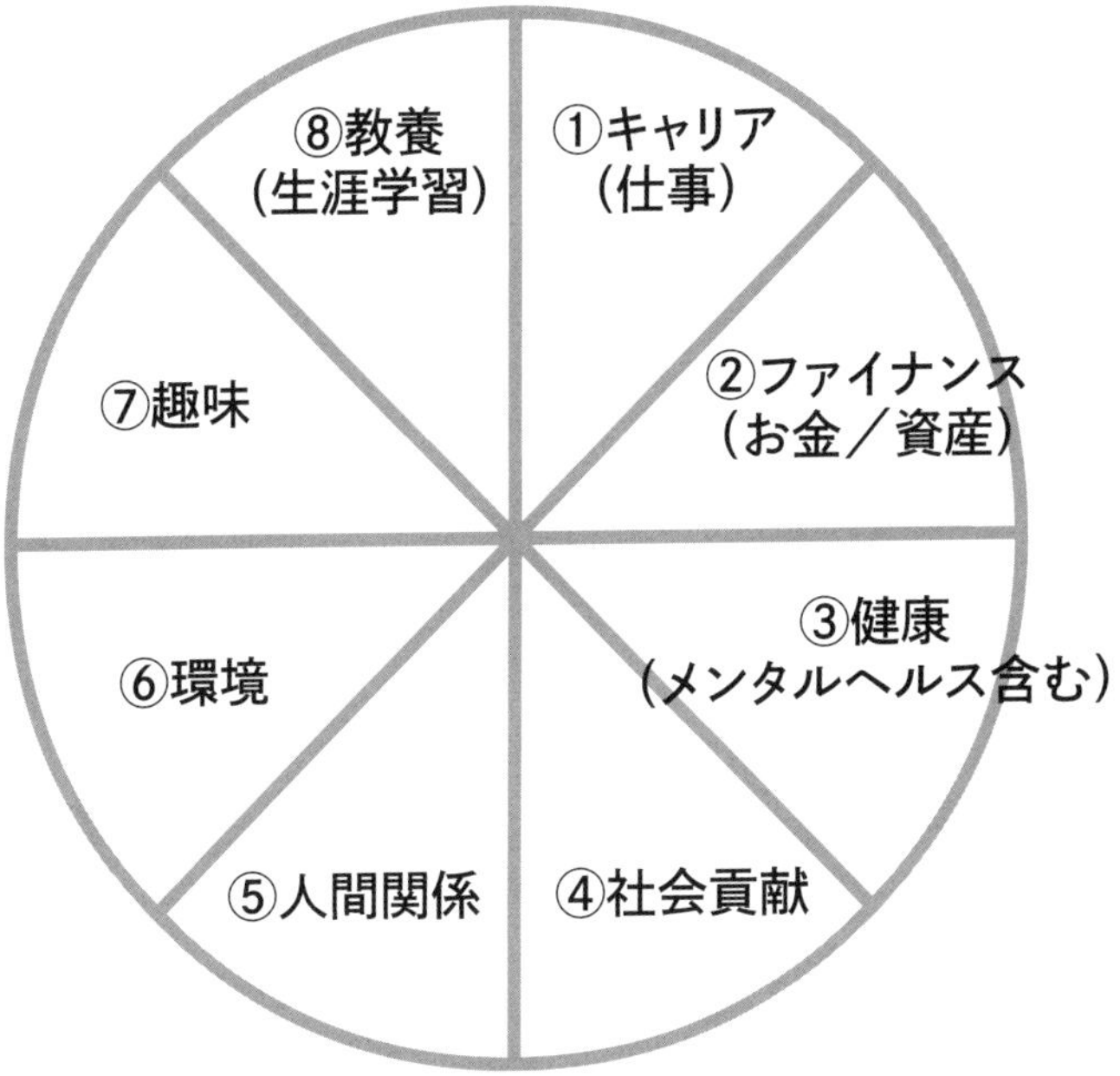

人生に8つのゴールを設定する

これはあくまでも僕が設定した分野ですが、人生１００年時代においては重要なものばかりです。人によっては「⑤人間関係」を「家族」「友人」の2つに分けて、「⑦趣味」「⑧教養」を合わせてもいいかもしれません。

まずは僕の例を参考にして、実際に紙にバランスホイールを書いてみてください。書いたら次にいきます。

具体的な目標に落とし込む

バランスホイールができたら、次は各分野について具体的な目標に落とし込む必要があります。

どんなにゴールを設定したとしても、日々何をするかを決めなければ行動につながりません。ですから、各分野に関して目標を設定する。これにより具体的な行動に落とし込むことが可能になります。

目標を設定するときは、いまから3年後くらいまでに達成できるものにします。 5

年後だと先すぎて時代が変わってしまいます。1年後だとすぐ来てしまうので、3年後くらいがちょうどいいのです。

だいたい3年後をイメージして、日々の行動に落とし込める目標を設定します。もちろん、行動していく中で変えても構わないので気楽に決めてみましょう。

たとえば、僕の場合なら、

①**キャリア（仕事）**…経営する会社の年商○億円（うち子どもの教育分野で○億円）
②**ファイナンス（お金／資産）**…会社の内部留保○億円、自分の貯金○億円
③**健康（メンタルヘルス含む）**…睡眠時間の確保
④**社会貢献**…年間1億円相当の活動
⑤**人間関係**…メリットがなく会える仲間を増やす
⑥**環境**…地方に拠点を作る、アジア、ヨーロッパに1カ所ずつ移住できるようにする
⑦**趣味**…ミュージシャン、映画監督の自伝とインテリアやファッションの写真集を集める
⑧**教養（生涯学習）**…本を毎年4冊以上出版し続ける

いかがだったでしょうか。

この段階ではとりあえずの設定で構いません。

なぜなら、人は行動してく中で「これは違うかも」などのように感じるものだからです。違うと思ったら、変えればいいだけです。**描く人生デザインは、都度変わっていい**のです。

つまり、やってみないとわからない。

これはなんでもそうですが、行動してはじめてそれ自体の評価ができると考えたほうがいいのです。

にもかかわらず、多くの人が、やっていない、行動していない段階で、評価をしようとします。

そういう人は、結局は行動しないまま終わります。これは癖なので気をつけるようにしましょう。

人生において重要なのは、「行動してから考える」ことです。

日々の行動に落とし込む

目標を設定したら、次は、日々の行動に落とし込みます。

どんなに素晴らしい目標を設定したところで、「いつ、何をするか」が明確でなければ意味がありません。**そのために、ここまで「時間」についての理解を深めてもらったわけです。**

8つの分野のゴールに到達するには何をすればいいのか、**それぞれ具体的な行動を決めます。**行動は、毎日のものもあれば、毎週のものもあってもいいでしょう。

1日単位、週単位など、短期間をデザインしていくのです。

僕の場合なら、「⑧教養（生涯学習）…本を毎年4冊以上出版し続ける」を掲げたわけですが、これを、「毎日早起きして原稿を書く」という行動に落とし込みます。

もちろん、出版できるかどうかは出版社側の問題でもありますが、ゴールを設定した僕は、4冊分は最低でも書く必要があります。

どこの出版社も出してくれなかったら、自費出版でも電子書籍でもなんでもいいと思っています。

そこで具体的には、

教養（生涯学習）…毎朝5〜6時に原稿を書く

という行動を決めます。

僕の場合、「⑧教養（生涯学習）」は毎日のルーティンに落とし込めましたが、「①キャリア（仕事）…経営する会社の年商◯億円」は、毎週の売上をチェックして、そのたびに軌道修正を加えています。さらに毎月末に、達成状況を確認するようにしています。

また、毎月末に一人でホテルにこもり、その月を振り返るとともに、翌月以降のイメージのすり合わせを行うようにしています。

ルーティンだけが成果を連れてくる

このように、具体的な行動にまで落とし込まないとバランスホイールは意味がありません。バランスホイールだけ作って満足してしまう人もいますが、それは何もしていないのと同じです。

具体的な行動に落とし込んだら、次に重要になるのが、**「ルーティン化」**です。「日課」とも言いますが、**ルーティン化することで、目標が達成される可能性がぐんと高まります。**

先ほども書きましたが、僕の場合は、「早起き」と「原稿を書く」というルーティンを取り入れたことで、人生が大きく動き出しました。本が出版されただけでなく、よく言われるように「1冊の本を書くのに100冊の読書が必要」なわけで、必然的に読書量も増えていったからです。

また早起きすることで、意識的に寝るのも早くなり、夜の付き合いも減っていきました。こう書くとつまらないやつになったようで自分でも嫌になりますが、自分の年齢を考えたときに「未来への投資」だと思って割り切っています。

「ルーティン化」トレーニング

ルーティン化は、できる人、できない人に分かれます。

つまり、体質の問題です。ですから、何かやることが決まっていようがいまいが、ルーティン化できる体質にはしておくようにしましょう。

そのためにおすすめなのが、**「早起き」**です。

早起きは「プロダクティブタイム」をより有効活用するための1つの方法としても紹介しましたが、ルーティン化を身につける上でも効果的です。

早起き自体が良いルーティンですが、**ルーティン化のトレーニングとしても最適**です。

僕も早起きをルーティンにしていますが、そのおかげで禁酒もできたと思っています。もし早起きより先に禁酒をしようとしていたら、できなかったはずです。早起きをしていたことで、ルーティン化できる体質が先にできていたわけです。

もし、早起きしてもやることがいますぐ思いつかないなら、**読書**をしましょう。

読書を習慣にしている人は少ないからです。しかも、早起き同様、成功者で本を読まない人はほぼいません。

「早起きして読書する」ことは、もしもやることが決まっていないのなら、最強の方法です。

本書でも再三書いているように、**どう時間を使うかは投資**です。投資はあくまでもリターンのためにあるわけで、あまりにも歳をとってから始めても、リターンを得るまでに死んでしまいます。

よく金融の世界でも「投資は若いうちからが有利」と言われるように、あなたもなるべく早く、未来につながるルーティンを取り入れていきましょう。

きつかった禁酒

とはいえ、「ルーティン化」は本当に難しい。多くの人は、「ルーティン化」できずに終わってしまいます。

ルーティン化できないのは、ルーティン化するまでのプロセスを知らないからです。

僕が禁酒をしたときも、本当に最初はきつかったです。

僕はもともとお酒を飲むタイプでもなく、むしろ弱いほうでした。ところが40歳を過ぎた頃くらいから、酒量が明らかに増えてきて、気づいたら朝からテキーラを飲むほどに。

その頃から早起きは実践していましたが、早起きしてテキーラをショットで2杯飲み、それからカフェに行ってエスプレッソ数ショットをガブ飲みしながら原稿を書くというスタイルでした。チャールズ・ブコウスキーのような酔っ払いの作家に憧れていたのもあったし、独立して昼からお酒を飲める自分にも酔っていたのだと思います。

そんな生活をしていくうちに、いつのまにか酒に飲まれる人生になっていました。

もともと、酒飲みではなかったので、禁酒は楽勝だと思っていたのに、これが意外と苦しかった。正直、「オレって、こんな酒が好きだったの？」っていうくらいお酒が飲みたくなっていました。

90日がルーティン化のカギ

それからは、夜になると「なんでコンビニでお酒を売るんだよ！」と、恨み節が出るくらいでした。

気を紛らわすために、禁酒に関する本を読みあさったりしながら、ちょうど90日が経ったくらいから「お酒を飲みたい」と思わなくなりました。

よく言われることですが、90日、180日で「踊り場」がくるのです。

驚くことに、太り気味だった体もどんどん体重が落ちていき、いつのまにか10キロ減に。

その後も順調に禁酒は続き、180日が過ぎたあたりからは、お酒を飲まないことがむしろ当たり前になっている自分がいました。お酒を飲みたいとまったく思わなかったですし、打ち合わせなどで周りの人が飲んでいても気にならなくなったのです。

ルーティン化には最初の90日が重要で、さらに180日までいったときに、それが当たり前になっていくのです。

おかげで180日後は、最初の1杯だけ飲むという生活をしても、まったくお酒が飲みたくなるようなことはなくなりました。

乗り切るための3つのポイント

とにかく重要なのが最初の90日です。ここをどう乗り切るか。ここにすべてかかっています。

僕は次の3つが重要だと思っています。

―ポイント①―スペースの確保

まずは時間的なスペースを確保するようにします。

いまの生活をそのままにして、プラスで新たなルーティンを入れようとする人がいますが、無理があります。**まずは何かをやめて時間的スペースを確保してから、新しいルーティンを入れます。**

そうしないと、90日続けることはできません。ですから、早起きすることでスペースを確保することをすすめているのです。

―ポイント②―環境がルーティン化のカギ

人は環境の生き物です。

行動は「環境→感情→行動」の順で変わるので、行動を変えたいなら環境そのものを変えてしまうのが最も早いのです。

もしも、新しいルーティンをどうしても導入したいなら、同時に引っ越しをすると効果的です。

実際、僕の周りの人で劇的な変化を遂げるのは、引っ越しと転職を同時にできた人たちです。

―ポイント③―本を読む

僕が禁酒の本を読みまくったように、ルーティンに取り入れたい分野に関する読書をするのもおすすめです。

ポイント②で環境について書きましたが、**頭の中身が変われば環境が変わったのと同じ効果が期待できる**からです。

人は頭の中に入っている情報によって、見える世界が変わります。ということは、情報を変えれば、違う環境（違った世界）にいるのと同じになるのです。

小さなルーティンから始める

もう1つ、ルーティン化するためのコツを書いておきます。

それは「小さなルーティン」から始めることです。前にも書いたように、**重要なのは「続けること」。**続けられないものは無意味です。

だとしたら、最初から大変なルーティンを課すのはやめたほうがいいでしょう。

たとえば、いままで筋トレをしたことがない人がいきなり毎日腹筋50回をするのではなく、まずは10回から始めるのです。とにかく小さく、とにかく続けることを重視します。

しつこいようですが、意志だけでルーティン化はできません。

僕は、「人生を良いほうに向けたいなら感情を排除しろ」とよく言うのですが、これも同じような理由からです。感情によって行動が影響を受けてしまう人が多いのです。

こういう人は間違いなく成果が出ません。続かないからです。

感情に行動が左右される人は、「気分が乗らないからやらない」みたいなことが、往々にして起こります。

自分を信じない

ルーティン化のためには180日、最低でも90日は絶対に例外を作ってはいけません。例外を1回でも作れば、グダグダになっていきます。1回のつもりが2回になり、いつのまにかそのルーティンはなくなってしまいます。

とにかく、自分を信じないこと、そして、小さなルーティンから始めること。小さければ小さいほど、気分が乗らなくてもこなせる可能性が高いからです。

僕は原稿を書くとき、最悪、ひと文字だけでもいいというつもりで書き始めています。もし、これが毎日1万文字書くなどと設定していたら、間違いなく続かなかったはずです。

僕は出版社時代に「人はなぜ、頭でわかっているのに行動できないのか？」をメインテーマに本を企画してきました。頭では食べなければ必ず痩せるとわかっているのに、つい食べてしまうのが人間です。

だから、新しいダイエット法の本が次々と出てきては消えていくのです。そんな状況は、僕が出版業界に入ってから20年近く経ったいまでも変わりません。

人はなかなか変われないのです。だから僕は、自分を信じるのはやめて環境を変えることをすすめているのです。

人生をデザインする4つのステップ

いかがでしょうか。

この章の最後に、これまでの話をもとに、人生をデザインするためのステップを紹介しておきます。

―STEP1―ルーティンを決める

まずはルーティンを決めます。先ほど考えたバランスホイールの各分野から具体的な行動を抽出します。

前述したように、すべての分野においてルーティンに落とし込む行動があるとは考えにくいです。ここでは、**日々のルーティンに落とし込めるもの**を書き出します。

―STEP2― 1週間を振り返る

次にSTEP1で決めたルーティンを行う時間的なスペースを確保します。そのためには過去1週間の行動を振り返るといいでしょう。

これをやることで、多くの時間を無駄に過ごしていることがわかるはずです。ここでいう「無駄」は、だらだらしているとか、休んでいるとか、そういう時間のことではありません。**「過去の延長線上にある時間」**のこと。たとえば、いつものメンバーとの飲み会などです。過去の延長線上でしかない時間はなるべく排除していきましょう。

―STEP3― スペースを空ける

次に、ルーティンを行うための新たなスペースを作ります。

そのときに重要なのが、**毎日同じ時間、同じ長さの時間を確保すること**です。土日も関係なく、毎日同じ時間であることが重要です。

最長でも30分でいいでしょう。まずは30分スペースを確保し、その時間に行う新たなルーティンを設定します。

180日間は絶対に例外は作らないことが重要なので、そこも踏まえて毎日きちんと確保できる時間に設定しましょう。

そう考えると、いまより30分早く起きて、その時間を使うのが一番簡単です。ですから、僕は早起きがいいと何度も書いているのです。

―STEP4― 環境を変える

最後は、環境です。

結局、**行動を決めるのは環境**だからです。できれば、新たなルーティンを設定すると同時に環境も変えてください。

具体的には、引っ越しがおすすめです。転職も環境を変えることになります。また、人間関係を変えることも効果的です。昔からの知り合いとだけ会っているうちは、人生は変わりません。

過去の記憶を呼び起こすような環境は、過去の延長線上の人生を強化していくだけだからです。

僕が何度も言っているように、**未来につながることこそがリターンであり、過去は負債でしかない**のです。

STEP1～4を実践して、まずは未来につながるルーティンをどんどん人生の中に組み込んでいきましょう。

CHAPTER 06 まとめ

- ☑ 人生100年時代、やりたいことがないほうがうまくいく。
- ☑ 目指すべきライフスタイル、「経済的自由、時間的自由があったら、どんな生活をしたいか」を決める。
- ☑ 人生に8つのゴールを設定するバランスホイールを作り、具体的な目標を立て、日々の行動に落とし込む。
- ☑ 日々の行動をルーティン化するために、「自分を信じない」「小さなルーティンから始める」。
- ☑ 4つのステップで人生をデザインしていく。

←

人生をデザインすることで、人生が変わる！

COLUMN

「幸福」と「自由」

■ ■ ■

僕が影響を受けた小説に『一九八四年』(ジョージ・オーウェル著、高橋和久訳、早川書房)というＳＦがあります。1949年に出版されたにもかかわらず、まさに現代社会を描いているので、ぜひ読んでみてください。その中に、

「人間というのは意志が弱く、臆病で、『自由』に耐えることができない」

「だから、自分より強い者に支配されたがる」

「人類は『幸福』と『自由』の２つの選択肢があるとき、『幸福』を選ぶ」

という内容の文が出てきます。よく「自由になりたい」「幸福になりたい」と話す人がいます。ただ僕が思うのは、本当に自由になりたい人は少ないなと。だから「『自由』より『幸福』を選ぶ」人が多いのです。

自由であるということは、何もかも自分で決めなくてはいけません。不安定でもあります。正解もありません。つまり、「自分で決める」「不安定」「正解がない」のです。

これって、多くの日本人が不得意なことです。だから、僕はあまり自由を求めることはおすすめしません。まずは「余白」を作ること。つまり「アンプロダクティブタイム」を多く持つことです。まずはそこを目指すだけでいいと思っています。

その「余白」の中で得るいろんな知識、体験を通じて、自分なりの「自由とは何か？」「幸福とは何か？」を考えていけばいい。僕の場合は、わざと不安定でいることを重視していたります。不安定である以上、正解はないし、正解はないから自分で決めることになり、結果的に「自由」でいられると思うからです。

■ ■ ■

CHAPTER 07

点が線になる 15のアクションプラン

「いますぐ」始めよう！

僕は編集者時代から、たくさんの本を作ってきました。関わった本だと200冊近くになります。僕はインテリでもないし、文学少年でもなかったから、本好きが読むような本は作れませんでした。だからこそ、

「人生を変えるきっかけ」

になるような本を作ることを意識してきました。それはきっと、僕自身も本を通して人生を変えたからだし、同じような人をたくさん見てきたからです。

この本で伝えてきた「時間」の使い方も人生を変えるためのものであり、あなたの人生を変えるきっかけになれば、という想いで書きました。

そのためこの章では、「いますぐ」できて人生を変えられる15のアクションプラン

を紹介します。どれか1つでも「いますぐ」取りかかってもらえたら嬉しいです。

1. 英語の情報源を持つ

僕は英語ができません。本当に苦手です。

海外に住んでいましたが、別に英語ができたわけじゃありません。日本だと偉そうにしているけど、アメリカに行った途端に態度が小さくなります。

日本だと声は大きいほうだけど、海外だと小さいほう。子どもの友達には耳が聞こえないと認識されていたこともありました。

そんな僕でも、英語は勉強したほうがいいと思っています。実際に、勉強もしています。

正直、マスターするまでは長い道のりです。流暢《りゅうちょう》に話せるようになるとは思っていません。でも、英語の情報が自然と入ってくるくらいまでは頑張るつもりです。**貴重な情報源の多くが、英語のメディアにある**からです。

日本人の多くは、日本のテレビや新聞やネットを見すぎです。英語ができないなりに僕はなるべく英語圏のメディアから情報を得るようにしています。これだけでも、だいぶ世界は広がります。

まずは海外のメディアのフォローから始めてみましょう。SNSのウォールの半分以上を英語にするくらいまで。

いまは、新聞、雑誌、テレビなど、どんなメディアもツイッター、フェイスブックなどをやっているので、ぜひトライしてみてください。

2. 90日やることを決める

もし英語の勉強をするなら長期的な取り組みになります。

その間に挫折する人もいるはずです。僕も何回挫折したかわかりません。自分にプレッシャーをかける意味でも本に書いているくらいです。

簡単に言えば、実現しない可能性が高いのが、長期的な目標です。年収を10倍にするといった目標も長期的ですが、不確定要素が強いです。

だから、僕はあえて**短期的な目標を持つ**ようにしています。僕の仕事は結構、プロジェクト単位でやることが多く、だいたい1～6カ月くらいで終わります。

でも、これは健全だと思っています。確実にやることが見えているし、良くても悪くても結果は出ます。そうすると次の一手が見えます。

たとえば、動画の編集をできるようになるとか、90日だけ毎日ブログを書くとかでもいいでしょう。とりあえず、90日取り組むことを決めるのです。

実際に90日やると、いろいろ見えてきます。もっと続けたいと思ったら、それは**「本当にやりたいこと」**かもしれません。

なんでもいいから90日やるものを決めてみましょう。

3. 本を持ち歩く

この本の読者は、まさにいま本を読んでいるわけで、平均的な日本人よりは読書をしているほうでしょう。

とはいえ、いままで以上に学ぶ時間を増やす必要があります。ただ、なるべく移動しながらインプットできるようにしておきたいところです。

僕の場合、バッグに本は必ず入れてあります。いつでもどこでも読めるようにです。さらに、iPadを持ち歩いて、電子書籍や動画もいつでも視聴できるようにしています。

インプットもなるべく移動中にしたほうが、「アンプロダクティブタイム」がより増えます。多くの人がくだらないニュースや誰かのSNSの投稿を眺めている中で、積極的に本を読んでいきましょう。それだけで大きな差が生まれます。

4．本屋に行く

僕は「書店に行こう」といつも言っています。

いまはAmazonをはじめとするネット書店が主流になりつつありますが、そこでは、想定内の出会い、もしくはわかりきった出会いしかありません。とくにネット書店はレコメンド機能の性能が良くなっているので、僕たちが興味を持ちそうな本をどんどん紹介してきます。僕もついつい「ポチッ」としてしまいがちですが、これだと「偶然の出会い」がなくなります。

僕がお酒をやめたのは、書店で偶然、『上を向いてアルコール―「元アル中」コラムニストの告白―』(小田嶋隆著、ミシマ社)を手にとったからです。そこからまさかの禁酒生活が始まり、さらに勝手に10キロ以上痩せました。

いまでは『禁酒ダイエット』という本を書こうかと思っているくらいです。もし、これが出版されたら、書店での「偶然の出会い」から生まれた本ということになります。

すでに書いたように、人生は偶然でできています。

僕たちの世界は「偶然の出会い」の結果なのです。そして、そういうものこそ本当の意味で人生を変えてくれます。書店には「偶然の出会い」があるので、毎日でも書店に行きましょう。

5. 自伝を読む

僕はよく自伝を読みます。

とくに、ミュージシャンや映画監督のものが多い。僕がコンテンツのプロデュースを生業にしているから、最初は仕事に役立てるくらいのつもりでした。渋谷にあるタワーレコードの書籍コーナーに入り浸っていた時期もありました。

出版社から独立した後は、いろんな人たちと対話するようになったわけですが、そこで感じたのは、**知っている「人生のサンプル」の数が少ない人が多い**ということです。

「人生のサンプル」が少ないと、どうしても選択肢も少なくなりがちです。僕が一緒に仕事させてもらっているベストセラー作家の高橋歩さんも、たくさん自伝を読むと言っていました。

自伝は、生きるヒントをたくさん与えてくれます。

なかなかアイデアが出ないとき、ピンチに陥ったとき、何をしたらいいかわからないときなど、人生にはいろいろな場面があります。自伝を読むと、そんなときに何をすればいいかがわかったりするのです。

誰の自伝でもいいから、まずは読んでみましょう。

6. ドキュメンタリー映画を観る

僕はオンラインで映画が観られるようになった最大のメリットは、いろんなドキュメンタリー映画を観ることができるようになったことだと思っています。

かつては、なかなかドキュメンタリー映画を観る機会はありませんでした。ドキュメンタリー映画のDVDを数千円も出して毎回買わなければいけなかったのです。

ところがいまでは、Amazon、Netflix、Huluなど、あらゆる動画配信サービスがあり、ドキュメンタリー映画が充実しています。

ドキュメンタリー映画の良さは、**世界で起こっていることがわかるようになるこ**

と、マニアックな世界を知ることができるようになること、いろんな視点で物事を見ることができるようになることなど、たくさんあります。

そして、映画よりも比較的時間が短いので、隙間時間を活用して観ることができるのも便利です。

7. 散歩をする

僕は運動が嫌いです。歩くのも面倒だと思うくらいです。

だから、ほとんどの移動はタクシーです。一時期は「1日100歩しか歩かないぞ」みたいなことを冗談で言っていました。

ところが、新型コロナウイルスの感染拡大に伴い緊急事態宣言が出た2020年4月にはタクシーを含む交通機関を避け、僕もなるべく歩いて移動するようにしていました。

すると、これが意外に良かったのです。スマートフォンもあるので、歩きながら仕事もできるし、音声でのインプットも可能です。

とくに歩いていると、どんどんアイデアが湧いてきます。まるでアイデアが降ってくるように。

その後、歩くことに関する本を読んだりして気づいたのですが、**散歩は身体に良いだけでなく頭にも良い**ことがわかりました。

『天才たちの日課―クリエイティブな人々の必ずしもクリエイティブでない日々―』（メイソン・カリー著、金原瑞人／石田文子訳、フィルムアート社）という本には、多くの天才たちが散歩を日課に取り入れていたことが書いてあります。

散歩の効能は、意外に侮れません。きっと、散歩は人生を変えてくれるはずです。

8. 自己評価を下げる

僕は、自己評価は低いほうがいいと思っています。

なぜなら、**いろんなことに感謝できるようになるから**です。あなたにも「こんなオレの本を読んでくれてありがたい」と感謝しかありません。

本当にありがたい。

僕は自己評価が低いから、何に対しても感謝できます。

そして何より、**自己評価が低いと落ち込みません。**できないことがあったり、失敗しても落ち込まないのです。そもそも「期待」していないからです。

世の中には自己評価が高いほうが良いという風潮もありますが、はなはだ疑問です。僕は社会でうまくやっていくためには、**「感謝」をベースにした行動**が必要だと思っているからです。

一緒に仕事をさせてもらっているスタンフォード大学・オンラインハイスクールの星友啓校長の『スタンフォード式 生き抜く力』(ダイヤモンド社)に、カリフォルニア大学デイビス校のロバート・エモンズ教授の、

「感謝をする人ほど、免疫力や痛みへの耐性が強く、血圧が低い。ポジティブで生きがいや喜びを感じやすく、幸福感も高い。親切で寛大、社交的で孤独になりにくい」

という言葉が紹介されているように「感謝」の効果は絶大です。

毎日、どれだけ多くのことに「感謝」できるか。それが人生を豊かにしてくれま

す。そのためにも自己評価を下げましょう。

9．感謝日記をつける

僕はけっこう寝る前の状態を重視しています。

認知科学者の苫米地英人博士は**「寝る直前は怒らないほうがいい」**と言います。その理由は、睡眠時の感情が長期記憶に残る可能性があるからです。

それもあって、僕は寝る前はなるべく、穏やかな精神状態を保つように心がけています。

このときにおすすめしたいのが、**「感謝日記」**です。

スタンフォード大学の思いやりセンターのサイエンス・ディレクターであるエマ・セッパラ氏の著書『自分を大事にする人がうまくいく―スタンフォードの最新「成功学」講義―』（高橋佳奈子訳、大和書房）にも、

「日々感謝したい事柄を五つ書き出すこと。これもあまりに単純に思えるかもしれな

い。しかし、このきわめて簡単な行動が、長くつづく大きな結果をもたらすのだ。自分を思いやる心を強めるために、一日を終えたときに、成し遂げたと自慢に思えることを五つ、もしくは自分のポジティブな性質を五つ書き出すこと」と書いてあるように、毎日を「感謝」で終えることは良いメンタルの状態をキープするのに役立ちます。

今日から「感謝日記」をつけてみよう。きっと人生が変わるから。

10．引っ越しをする

人生を変えるには、環境を変えるのが一番早い。

これは僕がずっと主張してきたことです。僕も引っ越しを繰り返してきました。環境を変えるために海外にも住みました。5年間住んだホノルルでは、毎年引っ越したくらいです。

拙著『移動力』（すばる舎）にも書いたように、**人は「環境→感情→行動」の順で**

動きます。感情より先に環境があるわけですから、行動を変えたければ環境を変えなければいけないのです。

もちろん、意思が強い人は環境を変える必要がありませんが、普通の人は変えたほうがいいでしょう。

というより、結局は環境を変えないと、ほとんど行動は変わらないと思ったほうがいい。

僕のところには、「独立したい」という若者が多く訪ねてきます。でも、独立するのは、会社員でいる限り難しいと思っています。なぜなら、周りが会社員しかいないからです。

僕の場合は周りに会社員はほぼいないので、むしろもう会社員に戻れません。僕が海外に移住できたのも、海外に住んでいる人たちと一緒に仕事をしていたからです。

なんだかんだ言っても、人は周りにいる人間に影響を強く受けます。とくにいまはSNSが発達しているので、人間関係をどんどん変えることも可能です。

これを機に環境を大きく変えることも考えていきましょう。

11. ホテルに泊まる

最近は「ステイケーション」「ワーケーション」なんて言葉も一般化してきましたが、とくに用事がなくてもホテルに泊まるのはおすすめです。

1日だけでも環境を変えることで、頭が切り替わります。

僕の場合は、本を書いたりするときにホテルに泊まったりしています。オリンピック需要を見込んでいたのか、最近はオシャレでリーズナブルなホテルがいたるところにできています。

僕は集中力がないから、カフェに移動したり、昼寝をしたりと、1時間ごとくらいに移動したいから、街中にあるところを選ぶようにしています。

毎日同じ場所でばかり寝泊まりしていると、身体が慣れてきて感覚が鈍ってくるからです。また、理想のライフスタイルを探す上でも、いろいろなところに泊まることで**インテリアのセンスに目覚める**という効果もあったります。

12．クラウドファンディングで夢を実現する

僕が面白いなと思うのが、クラウドファンディングです。

クラウドファンディング（crowdfunding）とは群衆（crowd）と資金調達（funding）を組み合わせた造語です。

自分の活動や夢や商品を発信することで、想いに共感した人や活動を応援したいと思ってくれる人から資金を募る仕組みです。

僕は支援する側としては、よくバックパックや洋服なんかを買っています。

一方、支援される側としてクラウドファンディングを立ち上げたこともあります。そのときは、本の出版時に「本を広めるための資金」を募った形で、2回やって合計で1100万円以上も支援してもらいました。

最近では、新型コロナウイルスの感染拡大により、飲食店の支援、医療関係者の支援、災害支援などで、さらにクラウドファンディングは浸透してきました。

その結果、いままでは考えられないようなことができるようになりました。お金がなくても店舗が持てたりするのですから。これまでは、銀行からお金を借りたり、自分でお金を貯めてからしかできなかったことが、クラウドファンディングを使うことですぐに実行可能となったのです。

僕が思ったのは、これは**「究極のショートカットだな」**と。コンセプトが明確でそれが受ければ、一気に夢を叶えることができるのです。

もしやりたいことがあるなら、いますぐクラウドファンディングを検討してみてもいいでしょう。

13．情報を発信する

いまは誰もが情報発信できる時代です。

そんな時代において、情報発信という武器を使わない手はありません。ＳＮＳを使って普段の活動を発信するだけでもいいのです。自分が共感している人とつながるために、まずは発信を始めることです。

さらに、テレワーク時代になり、僕の周りの人が言っていたのが、**「情報がない人は紹介できない」**ということです。

オンライン会議が当たり前になっていく中で、オフラインで会ったことがない人を紹介するケースが出てきました。

僕も初対面がオンライン会議なんてことが増えてきましたが、この場合、名刺交換すらできません。

だとするなら、デザイナーなどのクリエイティブな人たちがポートフォリオ（作品集）を持つように、自分を紹介できるような情報発信があったほうがありがたいのです。人を紹介する場合も、そのページのリンクを送れます。

実際、緊急事態宣言中に仕事が増えた人のほとんどは、情報発信をしている人だったという話もあるくらいです。

いますぐ情報発信を始めましょう。

14・ギバーになる

僕は日本をはじめとする先進国は、多くの人がもはや物質的に豊かになっているので物欲がなくなってきていると思っています。

ですから、欲望を喚起するようなメッセージは基本的には受けなくなりました。僕が編集者だった2000年代はまだ、『〜な成功法則』とか『1億円〜』みたいなテーマは売れていましたが、いまは売れる気がまったくしません。

とくにいまの人たちは、無意識的に「他人のために」という意識が強いように思えます。だから、クラウドファンディングが浸透したのかもしれません。

僕もアメリカに移住するようになってから考え方が大きく変わりました。アメリカは社会貢献が広く浸透している国です。

ですから、多くの人が慈善活動をしています。もちろん、お金持ちほどすごい額を寄付しています。そういうものを目の当たりにして、僕も寄付をするようになっていきました。

もちろん、寄付に限らず、いろんな社会貢献をしている人が多くいます。

「他人のため」や「ギブ」することに、まだまだ抵抗がある人がいるのもわかります。ただ、無意識的に世の中がそういう方向に向かっています。

実際、僕が社会貢献活動を仕掛けると、多くの若者が賛同してくれます。そして、彼らは必ず、

「人に感謝されることがこんなに快感だと思わなかった」

と言うのです。**物質的に満たされてきた僕たちは、「人に役立つ」という本来の生存戦略**を思い出しつつあるのかもしれません。

そもそも、人が社会を作ったのは生存戦略のためだったわけですから、利他的に生きると快感物質が脳内に出てもおかしくないはずです。

よく「モチベーションが上がらない」「ヤル気が出ない」なんてことを聞きますが、

そういう人こそ社会貢献をすればいいのです。

きっと、思いもよらぬ快感が得られるでしょう。そこから、本来、自分の中にあったヤル気の源泉みたいなものが刺激されるはずです。

15. タダ働きをする

ちょうど、この原稿を書いているときに、アメリカのロックバンド、VAN HALENのギタリストであるエドワード・ヴァン・ヘイレンの訃報が飛び込んできました。

僕はいくつかの自著にも書いているように、1984年に人生が変わりました。当時10歳でしたが、その頃から洋楽を聴くようになったのです。そのときに大ヒットしたのが彼らの『1984』というアルバムに収められていた『Jump』という曲でした。

その少し前にマイケル・ジャクソンの『スリラー』の中の『Beat It』という

大ヒット曲があったわけですが、そのギターソロをエディが弾いていたことは知っていました。

最近知ったのが、そのときはノーギャラだったという話。大物音楽プロデューサーのクインシー・ジョーンズのアイデアで実現したコラボだったわけですが、そこでタダ働きしたから、その後、VAN HALENがよりメジャーになったんじゃないかと思います（彼らはもともと売れていましたが、よりメジャーに）。

僕はよく「タダ働きをしろ」と言います。

きっと、世の中の風潮からすれば、いけないことなのかもしれません。でも、すべての人が、最初は未経験です。でも、未経験だとなかなかチャンスはもらえない。だから、最初はノーギャラでいいからチャンスをもらう。

これは人生の基本戦略だと思ったほうがいい。**ギブからすべては始まる**のです。

CHAPTER 07 まとめ

1. 英語の情報源を持つ
2. 90日やることを決める
3. 本を持ち歩く
4. 本屋に行く
5. 自伝を読む
6. ドキュメンタリー映画を観る
7. 散歩をする
8. 自己評価を下げる
9. 感謝日記をつける
10. 引っ越しをする
11. ホテルに泊まる
12. クラウドファンディングで夢を実現する
13. 情報を発信する
14. ギバーになる
15. タダ働きをする

←

「いますぐ」できることから始めよう！

COLUMN

ホモ・ルーデンス

■ ■ ■

僕は澁澤龍彦さんが書いた『快楽主義の哲学』（文春文庫）が好きです。その中で、

「人間の本質的機能を『ホモ・ルーデンス』（遊ぶ人）として示したのは、有名なオランダの歴史家ホイジンガですが、人間が労働の鉄鎖を引きちぎって、子どもや動物と同じように、いつでも遊んでいるような存在にならなければ、真の意味で、社会や文明が進歩したということにはならないのだ、とわたしは考えるものです」

と書いている通り、「遊んでいる存在」になることが重要だと考えています。ところが、僕たちの余暇やレジャーといった遊びは、あくまでも労働のためと洗脳されていました。つまり、労働が主であり、遊びは従だったのです。ただ、これは資本家たちに仕組まれたもので、本来、僕たちは遊ぶ存在なわけです。『快楽主義の哲学』にもあるように、労働と同じように遊びすら資本家よって仕組まれており、テーマパークや旅行といったものも所詮、誰かのビジネスのためなのです。そこに真の遊びはないわけです。

よく「海外旅行にいつでも行ける人生にしたい」みたいなことを言う若者に会います。彼らにとっての「自由」すら誰かに仕組まれているのです。だから、僕は「アンプロダクティブタイム」の重要性を伝えたいのです。

「いつでも遊んでいる存在」になることで、僕たちは自分らしい人生を送ることができます。しかも、いまは遊びや趣味を動画でアップするだけで、お金に換えられる時代になっています。だからこそ、僕らは「何もしない時間」をたくさん持つべきなのです。その結果、ホモ・ルーデンスになれるのです。

■ ■ ■

あとがき 反省文

ここまで読んでいただき、ありがとうございます。

本文にも書いた通り、僕は完全なパワハラ体質だった人間です。でも、それって僕の価値観の押し付けだなとやっと気づいたわけです。

情報発信では「どっちでもいい。どうでもいい」みたいなことを言っていながら、やっていることは違っていたわけです。しかも、僕も悪気があったわけではなく、むしろよかれと思ってやっていたわけです。

もし、本書を読んで共感してもらえたなら、ぜひ、周りにいる「頑張りすぎている人」に紹介してもらえたら嬉しいです。いまこの瞬間にも、つらい思いをしている人はいるからです。

これからの時代はベーシックインカムの導入などが世界中で進み、人口の大半が働かないでよくなると言われています。新型コロナウイルスの感染拡大により、世界中で現金がばらまかれました。日本では給付金という名目で10万円が支給されました。僕はこのような状況をみて、「いよいよ来たな」と思いました。一部の超金持ちとそのおこぼれに預かる大多数の二極化がいよいよ来るなと。コロナウイルスがもたらしたのは、二極化の加速です。

そんな世界で僕たちはどうすれば生き残れるのでしょうか。

僕は、カギを握っているのは本書で紹介した「アンプロダクティブタイム」だと確信しています。もし働かなくていい時代が来たら、まさに「アンプロダクティブタイム」だらけになっていきます。そうなれば、また新しい生き方がどんどん生まれるでしょう。

本当にSFのような世界が目の前に出現したのです。僕はとてもワクワクしています。テクノロジーの発達で僕たちの可能性が広がったのです。にもかかわらず、多くの人が活かしきれていません。

本書で僕は「適度に快適に生きる方法」を伝えたつもりです。ただ、先ほども書いたように時代はどんどん変化していきます。僕は、ＹｏｕＴｕｂｅやｎｏｔｅやＴｗｉｔｔｅｒなどで毎日のように情報発信をしています。よかったら、僕の名前で検索してみてください。

最後に御礼を述べて終わりにしたいと思います。

僕も元編集者なので、一冊の本を作る苦労を知っています。編集者だけでなく、一冊の本があなたの手元に渡るまでには、出版社の営業の方々、印刷会社、ＤＴＰ担当、デザイナー、校正、取次、書店というように多くの方々が関わっています。本当にありがとうございます。

いつかあなたに会えることを願って終わりにしたいと思います。

２０２０年11月　長倉顕太

〈読者限定プレゼント〉

本書の読者限定で、長倉顕太の『人生戦略の授業』
動画をプレゼントします！

http://kentanagakura.com/jikan

著者紹介

長倉顕太（ながくら・けんた）

作家・プロデューサー・編集者
1973年、東京生まれ。学習院大学卒業後、職を転々としたあと28歳の時に出版社に転職し、編集者としてベストセラーを連発。今までに企画・編集した本の累計は1100万部を超える。

独立後は8年間にわたりホノルル、サンフランシスコに拠点を移して活動し、現在はコンテンツのプロデュースやこれらを活用したマーケティング、2拠点生活の経験を活かしたビジネスのオンライン化／テレワーク化のコンサルティング、海外での子育ての経験（とくにギフテッド教育に詳しい）から教育事業などに携わっている。

主な著書に『超一流の二流をめざせ！』（サンマーク出版）、『親は100％間違っている』（光文社）、『移動力』『頭が良くなり、結果も出る！ モテる読書術』『GIG WORK』（以上、すばる舎）などがある。

SNS、YouTubeなどで情報を配信中。

●公式サイト
http://kentanagakura.com/

〔読者限定プレゼント〕
長倉顕太の『人生戦略の授業』動画をプレゼント！
http://kentanagakura.com/jikan

「やりたいこと」が見《み》つかる
時間編集術《じかんへんしゅうじゅつ》
「4つの資産《しさん》」と「2つの時間《じかん》」を使《つか》って人生《じんせい》を変《か》える

〈検印省略〉

2020年 12 月 15 日 第 1 刷発行

著 者――長倉 顕太（ながくら・けんた）
発行者――佐藤 和夫

発行所――株式会社あさ出版
〒171-0022 東京都豊島区南池袋 2-9-9 第一池袋ホワイトビル 6F
電 話 03（3983）3225（販売）
03（3983）3227（編集）
F A X 03（3983）3226
U R L http://www.asa21.com/
E-mail info@asa21.com
振 替 00160-1-720619

印刷・製本 神谷印刷（株）

facebook http://www.facebook.com/asapublishing
twitter http://twitter.com/asapublishing

ISBN978-4-86667-251-9 C0030